マッチング理論 と マーケットデザイン

Lectures in Matching Theory and Market Design

小島武仁
Fuhito Kojima

河田陽向
Yoko Kawada

日本評論社

まえがき

　近年、マーケットデザインという研究分野が経済学で大発展を遂げています。伝統的な経済学が市場制度を「与えられたもの」として分析することに主眼を置いてきたのに対し、マーケットデザインは、市場（マーケット）の制度を「設計できるもの」と考え、どうしたら良い制度を作れるのかを研究し、成果の社会実装も行っています。

　市場という言葉を聞くと株式市場などの非常に整備された特殊なものを思い浮かべられるかもしれませんが、経済学者は市場というものを非常に広く捉えています。例えば本書に登場する就活（労働市場）や入学・入試、保活（保護者が子どもの保育所を確保するための活動）なども一種の市場と考え分析対象にします。こうした広い意味での市場の大きな役割は、買い手と売り手、労働者と雇用主、学生と学校などを効率よく公平に引き合わせるアシストをすることです。言い換えると、人が人生で直面する多くの問題には「マッチング」という重要な側面があり、市場の大きな役割はこのようなマッチングを円滑にすることです。そのための基礎理論が「マッチング理論」です。マッチング理論は古くは数学やコンピュータ・サイエンスなどで研究されてきた分野ですが、マーケットデザインの経済学が発展するとともに、マッチング市場の制度設計を支える基礎理論として再び大きな注目を浴びるようになりました。

　この本ではマッチング理論とマーケットデザインの研究者である著者が、理論と実践の紹介をしていきます。解説はごく基礎的なものから始めつつ、しかし最終的には研究の最前線まで読者の皆様をご案内します。経済学や数学などの予備知識はほとんど必要ないように執筆しましたが、根気よくロジックを追ったり粘り強く考えたりする努力は必要かもしれません。ぜひ焦らずゆっくり、楽しみながら読んでください。

　本書は著者の一人が早稲田大学で行った英語による特別講義をもとに、文字起こし、翻訳を経て執筆したものです。もともとの講義は小島が担当し、

翻訳は河田さんに主に担当してもらいましたが、内容全般に関して両者がチェックし議論を交わし改善をすすめて作り上げたものであり、両者が責任を負っています。

　先ほど述べたように本書は直接的には早稲田大学での特別講義をもとにしていますが、関連する内容は教鞭をとってきたイェール大学・コロンビア大学・スタンフォード大学や東京大学での学部課程や大学院博士課程向けのマーケットデザインの授業で教えており、これらの講義での経験も反映しています。また、短期集中の特別講義をさまざまな大学（シンガポール国立大学、ノースウェスタン大学、オックスフォード大学、ソウル大学、プリンストン大学、延世大学、サンティアゴ大学、ヨーク大学、トゥールーズ・スクール・オブ・エコノミクス等）で行う機会に恵まれました。質問や活発な議論を通じて講義内容を改善してくれた参加者の皆様に感謝いたします。また、市橋翔太・野田俊也・図斎大・岩瀬祐介・築村直樹・中島大輔・西宮豊の各氏は原稿を入念に読んでコメントをくださいました（他にも匿名希望で詳細なコメントをくださった方がいらっしゃいました）。

　日本評論社の小西ふき子氏・飯野令氏には本書の元になった『経済セミナー』誌での連載当初から完成に至るまで、すべての場面で大変お世話になりました。私はかなり以前からマーケットデザイン研究の知見をたくさんの方に知ってほしいという気持ちがあったのですが、研究が忙しすぎて本を書く時間をどうしてもとれないでいました。そんなときに小西さんと飯野さんが、夏に帰国した際に行った英語の講義に参加して録音し、素晴らしい翻訳者を見つけ、本書の元となる連載をしてくださいました。お二人のイニシアチブがなければ、きっとこのような本は定年まで出ないか、もしかしたら一生出せなかったかもしれません。本当にありがとうございました。連載開始前に『経済セミナー』の単発記事として、モントリオールで開かれた国際学会での講演を訳していただいた大谷秀平氏にも感謝しています。

　また共著者の河田さんは初めは翻訳担当だったのですが、純粋な翻訳にとどまらず講義内容に関する鋭い指摘をし、内容の改善にも大きく貢献してくださり、最終的には共著者として本格的に参加してくれました。彼の貢献のおかげで本書は当初よりもずっと素晴らしいものになりました。『経済セミナー』連載時には私はまだアメリカに住んでいて河田さんは大学院生でした

が、その後私は日本に帰国し、河田さんも経済学の先生になりました。長い
道のりでしたがいいものができて嬉しいですね、お疲れ様でした。

　この本で触れる内容には、著者自身の研究も多く含まれています。共同研
究者の皆様、特に本書の紙面を多く割いた研究を一緒に行った Eric Budish,
Yeon-Koo Che, Yuichiro Kamada, Mihai Manea, Paul Milgrom, Parag Pathak
の各氏に感謝いたします。また、学部時代の指導教官として筆者を研究の道
に導いてくださった恩師である松井彰彦先生、学生時代から現在に至るまで
多くの助言や共同研究で刺激を与えてくださっている神取道宏先生、そして
大学院の指導教官、スタンフォード大学での同僚、また共同研究者として筆
者に大きな影響を与え続けている Alvin E. Roth 先生に深く感謝の言葉を捧
げます。

　東京大学における同僚や学生の皆さん、特に私がセンター長を務めている
「東京大学マーケットデザインセンター（UTMD）」や、私が研究総括をし
ている「ERATO 小島マーケットデザインプロジェクト」の皆様は、研究の
推進と研究成果の社会実装の両方を目指し日夜格闘している、いわば戦友で
す。この場を借りて御礼を申し上げます。学生の皆さんのなかでも、草稿を
読んでコメントをくれた青井エリザベス七海、宇多川謙司、金澤貴弘、河暎
健、河野彩奈、佐藤良亮、清水木楠、玉腰勇司、鄭浩志、中村祐貴、長良太
慈、仁賀木勇介、新田陸磨、平野飛鳥、古川直季、松清広歩の各氏には、と
くに御礼を伝えたいと思います。

　また月並みではありますが、家族にも感謝の言葉を捧げたいと思います。
母の久子は著者が中学生の時に父が逝去して以来、ひとりで 3 人の子どもた
ちを育てあげてくれました。そんななかでも、大学時代に進路に迷って留年
したり卒業後もすぐに就職しないで大学院に行ったりと、たくさんのわがま
まを許してくれたことに本当に感謝しています。農学者だった父の俊爾は難
しそうな蔵書を自宅に持っていて、子どもの頃背伸びをして読んだ（という
か眺めた）ように記憶しています。そして、父自身も科学実験をして見せて
くれたり、子ども向けの学習漫画を選んでくれたりしました。いま思い起こ
すと、この時の体験が研究者になるきっかけであったように感じています。
ちょっと歳の離れた兄の康俊と姉の幸恵は良い友達であるだけではなく、い
ろいろなことを教えてくれる先生でもありました。妻の悠貴も大学の研究者

で、いつもよい相談相手になってくれています。実は夫婦ふたりともが満足のいく仕事を同じ場所で見つける苦労こそが本書でも出てくる「カップルが就職先を探すマッチング」の研究のモチベーションになっています。最後に二人の子どもたちにも感謝の言葉を捧げたいと思います。子どもたちが生まれてから、社会に本当に役に立つような研究をしたいという気持ちを強く感じるようになりました。最近力を入れている保育園マッチング研究は、子どもたちの預け先探しに苦労した体験が元になっています。個人的な思いもあってこの研究は絶対やり遂げようという意志を持って研究の第一弾を完成することができ、このトピックは今も情熱をもって研究しています。

わが子らは、保育園だけでなく、これからの人生で入試や就活、もしかすると結婚や保活など含め、さまざまなマッチング問題に直面するのだと思います。この子たちや他の子どもたち、それに大人たちも、誰もが幸せに生きていけるような社会を目指して研究や社会実装をする仲間が読者のみなさまの中から現れてくれることが、本書に託された野望です。どうかよろしくおねがいします！

2024年7月

小島武仁

数学的記法について

　本書は、証明以外の大部分を日本語で説明しています。数式を読まなくても理論の本質が理解できるように書かれています。しかし、数式を書いたほうが、日本語だけで書くよりもわかりやすい場合があるため、数式も併用しています。ここでは特に初学者向けに、本書で用いる数学的記法を列挙しておきます。

- $x \in A$：x が集合 A に属していることを表す。

- $A \subseteq B$：集合 A が集合 B の部分集合であることを表す。

- $A \subsetneqq B$：集合 A が集合 B の真部分集合であることを表す。つまり $A \subseteq B$ かつ $A \neq B$ であることを表す。

- $A \bigcup B$：2つの集合 A と B の和集合。例えば $A = \{a, b\}$, $B = \{a, e, g\}$ なら $A \bigcup B = \{a, b, e, g\}$ である。

- $A \bigcap B$：2つの集合 A と B の積集合（共通部分）。例えば $A = \{a, b\}$, $B = \{a, e, g\}$ なら $A \bigcap B = \{a\}$ である。

- $A \backslash B$：2つの集合 A と B の差集合。例えば $A = \{a, b\}, B = \{a, e, g\}$ なら $A \backslash B = \{b\}$ である。

- $|A|$：集合 A が含む要素の数。例えば $A = \{a, b\}$ なら $|A| = 2$ である。

- $\mathbb{N}$：自然数全体の集合。

- $\mathbb{Z}$：整数全体の集合。$\mathbb{Z}_+$ は 0 以上の整数の集合。

- $\mathbb{R}$：実数全体の集合。$\mathbb{R}_+$ は 0 以上の実数の集合。

- A^n：集合 A の n 個の直積を $A^n = \underbrace{A \times A \times \cdots \times A}_{n}$ と書く。

- $\forall$：全称記号。$\forall x \in A$ は、「任意の $x \in A$」や「すべての $x \in A$」と

読む。

- 本書では一貫して「強選好」を仮定する。強選好の定義を記述するために、まず一般的な選好の定義を述べる。集合 A 上に定義される i の**選好** $\succsim_i$ とは、一般に次の2つの条件を満たす二項関係である。

  完 備 性（completeness）　任意の $x, y \in A$ について、$x \succsim_i y$ または $y \succsim_i x$.

  推 移 性（transitivity）　任意の $x, y, z \in A$ について、$[x \succsim_i y$ かつ $y \succsim_i z]$ ならば $x \succsim_i z$.

- 選好 $\succsim_i$ の対称部分と非対称部分を次のように定義する。

  対称部分　任意の $x, y \in A$ について

  $$x \sim_i y \Longleftrightarrow [x \succsim_i y \text{ かつ } y \succsim_i x].$$

  非対称部分　任意の $x, y \in A$ について

  $$x \succ_i y \Longleftrightarrow [x \succsim_i y \text{ かつ } [y \succsim_i x \text{ ではない}]].$$

  「$x \sim_i y$」は「i は x と y を同程度に好む（x と y は無差別である）」と読み、「$x \succ_i y$」は「i は x を y より厳密に好む」と読む。

- 完備性と推移性を満たす選好が

  反対称性（anti-symmetry）　任意の $x, y \in A$ について、

  $$x = y \Longleftrightarrow x \sim_i y$$

  を満たすとき、**強選好**（strict preference）と呼ぶ。実質的に対称部分（$\sim_i$）を持たないので、強選好を $\succ_i$ と書く。

目 次

第 **1** 章

マッチングの基本モデル

1.1 マッチング理論によるマーケットデザイン

1.1.1 研修医と病院のマッチング

　日本やアメリカを含む多くの国では、医学部を卒業した学生は、すぐに医師になれるわけではありません。まずは研修医としてどこかの病院に配属され、実地訓練を行う必要があります。例えば日本では、医学部を卒業した学生は 2 年間、見習いの医師として指導医の監督のもとで働く必要があります。アメリカではこのような研修医制度は20世紀の初頭に開始され、現在では毎年 2 万人以上の研修医と4000もの病院が参加しています。

　研修医の配属先を決める場は巨大な労働市場であり、研修医となる学生側の要望と、雇用主となる病院側の要望を踏まえて「よい」組み合わせを決めるマッチングプログラムを設計することは容易なことではありません。研修医となる学生たちの病院に対する選好リスト（第 1 希望の病院、第 2 希望の病院……というふうに病院を希望順に並べたもの）と、病院が面接を通して作成した学生たちに対する選好リストが手元にあるとして、どのような方法で組み合わせを決めればよいのでしょうか。また、このような市場における「よい」組み合わせとはどのようなものでしょうか。うまい方法を考える前に「よい」組み合わせというものを定義する必要がありそうです。

1.1.2 腎臓ドナー交換アルゴリズムの設計

　マッチング理論の応用先は、労働市場以外にもたくさんあります。例えば、腎臓ドナーを交換するアルゴリズム（答えを見つけるための決められた手順）の設計問題に、マッチング理論の知見が活かされています。腎臓は血液中の老廃物を濾過し、血液をきれいな状態に保つ臓器で、腎機能が極度に低下した末期腎不全に陥ると、そのままでは生命活動を維持することができなくなります。そこで、患者は外部の医療機器によって血液を濾過する治療法である人工透析を行うことが多いのですが、人工透析は金銭的費用もかかりますし、患者にとって大きな肉体的負担にもなります。そのため、根本的な治療法として、健康な腎臓を他の人からもらって患者に移植することが考

えられます。しかし、腎臓という財はとても希少です。アメリカでは腎臓の供給数が毎年1〜2万程度であるのに対し、移植を必要とする患者の数は10万人規模だといわれています。

このような問題に対して、経済学者による典型的な解決策を適用することは現実的ではありません。その解決策とは、腎臓売買市場を開いてしまえばよい、というものですが、イランを除くほぼすべての国では腎臓の売買は法的に禁止されているため、お金を使わないマーケット（交換の場）を考える必要があります。

体内には腎臓は2つあり、幸いにも、1つ取り除いても問題なく生活できることが知られています。患者の家族や親しい友人が「私の腎臓を1つあげよう」と提案することができるわけです。しかしここで大きな問題があります。腎臓には、輸血でもよく知られた血液型による条件や、その他の適合性条件が存在します。腎臓をあげてもよいというドナーと、腎臓をもらいたい患者のペアがいても、必ずしも移植できるとは限らないのです。

しかし、不適合なペアが複数存在したら、問題を解決できる可能性があります。ある患者にとって、自分のドナーは自分とは不適合でも、他の患者（Aさん）とは適合して、かつAさんのドナーと自分が適合する可能性があるわけです。そこで、お互いの腎臓ドナーを交換すれば、腎臓の移植が可能になります。これが**腎臓ドナー交換**（kidney exchange）のアイデアです。ドナーの交換によって適合するペアができる可能性は、交換に参加するペアの数が増えるごとに大きくなります。しかし、ペアの数が増えると、適合性条件を満たしつつ交換するのは容易なことではありません。

複数の患者とドナーたちが参加するときに生じるもう1つの懸念は、翻意する参加者が発生する可能性が高くなるのではないかというものです。生体腎移植は高度な設備や技術を備えた医療施設と医療チームを必要とするので、交換に参加するドナーの腎臓を全員同時に移植することは困難です。すると、すでに適合する腎臓を移植された患者が、当初の約束を破って「もう自分の元々のドナーの腎臓はあげたくない」と言い出す可能性があります。その患者のドナーを拘束し無理やり腎臓を摘出することはまず合法的にはできません。また、「合意を破ったら金銭を支払う」という契約を結ぶこともできません。そのような契約も臓器売買の一種として違法とされるためで

す。こういった法律的・倫理的な制約がある場合に、はたしてうまい解決策はあるのでしょうか。

1.1.3 学校選択制

学校選択制は近年注目を集めていますが、その制度設計にもマッチング理論が応用されています。筆者が小学生の頃は通う学校が住んでいる地域（学区）によって基本的に指定されており、選択の自由はありませんでした。しかし公立学校においても、どの学校に通うかを保護者や生徒自身が選べるほうがいいという考えが一般に浸透してきています。学区外であっても、よい特色を持つ学校に通いたいと思ったり、また通学距離やいじめの問題で指定された学校とは異なる学校を選びたいという発想はごく自然なものでしょう。しかし、当たり前のことですが、人気のある学校の定員は、その需要に比べて非常に少ないものです。学校の定員のような希少な資源をどのように配分すべきか、という問題は、経済学の典型的な問題です。

オークションを行って、学校への入学枠を落札させるというのは1つのアイデアではありますが、学校選択制においても、価格による調整メカニズムは馴染みません。お金を使わずに、何らかのアルゴリズムを使って、限られた入学枠をさまざまな生徒たちに配分することになります。効率的な配分を見つけることはもちろん大事ですが、学校選択制においては公平性も尊重しなければなりません。

また、そこで用いられるアルゴリズムは、なるべく簡単に理解できるほうがよいでしょう。保護者たちは忙しく、子どもたちもたくさんやることがあるので、学校への最適な出願方法を理解するために多くの時間をかけられないかもしれません。もしも多くの保護者が最適でない出願を行ってしまったら、せっかくのアルゴリズムが期待されたようなよいパフォーマンスを上げられないかもしれません。「よい」帰結を実現するだけでなく、利用者にとって使いやすい制度を設計することが大事です。

1.2　二部マッチングの基礎

この節では、二部マッチング（two-sided matching）という、マッチング

理論において最も基本的なモデルを組み立てていきます[1]。二部マッチング は、「大学入学と結婚の安定性」と題された論文（Gale and Shapley 1962） によって考案されました。論文の著者であるデイヴィッド・ゲイルとロイ ド・シャプリーは著名な数学者・経済学者で、現実のマッチングにまつわる 複雑な事柄を思い切って抽象化し、数学的な問題として定式化しました。い までは、その抽象的な数学理論は、現実の多種多様な市場の設計問題を考え る際の良きガイドラインとして活用されています。

1.2.1　モデル

　二部マッチングでは、2種類の異なるグループに属する参加者たちをどの ように組み合わせるかを考えます。労働市場における「求職者と雇用主」 や、研修医マッチング市場における「研修医と病院」、異性愛者が参加する 婚活市場における「男性と女性」などが参加者の典型例です。ここでは Gale and Shapley（1962）にならい、「学生と大学」という用語を使いつつ説 明します。

　学生の集合を student の頭文字をとって S で表し、大学の集合を college の頭文字をとって C で表すことにします。現実社会では、学生は普通は1 つの大学にしか入学できませんが、大学側は複数の学生を受け入れることが できます。しかしここでは単純化のために、大学側もせいぜい1人の学生し か受け入れられないと仮定します。これは明らかに厳しい制約ですが、まず はこの単純なモデルで何が起こるかを見ていきましょう。このように、1人 の学生と1つの大学を組み合わせるタイプの問題は、一般的に**一対一マッチ ング**（one-to-one matching）と呼ばれます。大学側が複数人の学生を受け 入れることができるケースは、**多対一マッチング**（many-to-one matching） と呼ばれます。

　各学生は大学に対して選好（好みの序列）を持ちます。単純化のために、 学生の持つ選好は**強選好**だと仮定します。つまり、各学生が2つの大学を比 べたとき、どちらかの大学が厳密により好ましいか決められるとします。ま

1）数学で bipartite matching という問題があり、同じ「二部マッチング」という訳語が 　使われることもありますが、ここで説明する two-sided matching とは（関係はありま 　すが）異なるものです。

た、学生たちには**外部オプション**（outside option）があります。つまり学生はどこの大学にも入学しない、という選択肢を持ちます。納得のいかない大学に無理に入学せずに浪人することもできるというわけです。外部オプションを記号 $\emptyset$ で表すことにします。同じように、大学は学生に対して強選好を持ち、またどの学生も受け入れない、という外部オプションを持つとします[2]。

学生 $s \in S$ が 2 つの大学または外部オプション $c, c' \in C \cup \{\emptyset\}$ を比べたとき、c のほうを c' よりも好むことを

$$c >_s c'$$

と書きます。大学についても同様で、例えば

$$s >_c s'$$

は、「大学 c は学生 s を s' よりも好む」と読みます。学生 s にとって大学 c **が受け入れ可能である**（acceptable）とは、

$$c >_s \emptyset$$

であることをいいます。同様に、

$$s >_c \emptyset$$

は、大学 c にとって学生 s は受け入れ可能である、ということを意味します。$s >_c \emptyset$ であれば、大学 c は、誰も入学させないよりは s を入学させたいと思う、ということです。

さて、これまでマッチングという言葉を何度も使ってきましたが、まだそれを厳密には定義していませんでした。**マッチング**とは、直感的にいえば「誰が誰と組んでいるのか」を表すものです。厳密には、マッチングは

$$\mu: S \cup C \rightarrow S \cup C \cup \{\emptyset\}$$

2）厳密にいうと、学生 $s \in S$ は、強選好 $>_s$ を集合 $C \cup \{\emptyset\}$ 上に持ちます。同様に、大学 $c \in C$ は強選好 $>_c$ を集合 $S \cup \{\emptyset\}$ 上に持ちます。

という関数で表すことができます。関数 μ は、各参加者 i に対して、i と組になる相手 $\mu(i)$ を定めます[3]。このままでは μ はただの関数であり、あまりマッチングらしくありません。μ が一対一マッチングを表す関数であるための条件は 3 つあります。

1．どの学生 $s \in S$ についても、

$$\mu(s) \in C \cup \{\emptyset\}.$$

2．どの大学 $c \in C$ についても、

$$\mu(c) \in S \cup \{\emptyset\}.$$

3．どの学生 $s \in S$ とどの大学 $c \in C$ についても

$$\mu(s) = c \iff \mu(c) = s.$$

条件 1 の解釈は簡単です。「どの学生も、どこかの大学に入学しているか、どこにも入学していないかのどちらかであり、他の学生と組んでいるなんてことはない」ということを意味しています。いまは学生と大学のマッチングを考えているので、この条件を課します。もちろん、別の状況では、学生どうしのマッチングを考えることもできます。学生と学生の組み合わせを考える問題は、学生寮で生活を共にするルームメイトを見つける問題になぞらえ、しばしば**ルームメイト問題**と呼ばれます。これも興味深い問題ですが、今回は扱いません。

条件 2 は、大学に対する同様の条件で、「どの大学も学生を入学させているか、誰も入学させていないかのどちらかであって、他の大学と組んでいることはない」ということです。これでだいぶ、学生と大学の組み合わせを表す関数らしくなってきましたが、もう 1 つ大事な条件があります。

条件 3 は「もし学生 s が大学 c に入学しているなら、大学 c は学生 s を受け入れているはずであり、逆もまた然りである」ということを意味していま

3）μ という記号をよく使うのは、μ が matching の頭文字である m に対応するギリシア文字だからだと思われます。

す。より直感的には、「私があなたと組んでいるなら、あなたは私と組んでいる」ということです。この条件を満たさない場合としては、人々がモノを持ち寄ってそれを交換し合う場で $\mu(i)$ が i さんがもらうモノを表すと定義したケースがあります。例えば、腎移植マッチングでは、患者たちが適合しない腎臓を持つドナーをそれぞれ持ち寄って、うまく適合するドナーと患者の組み合わせを考えます。そこでは、B さんのドナーの腎臓が A さんに移植されたとしても、A さんのドナーの腎臓が、B さんに移植されるとは限りません[4]。

　このように、二部マッチング特有の条件を減らすことで、他のさまざまなモデルを考えることができます。

1.2.2　安定性

　ここまででマッチングは定義できました。それでは、どんなマッチングが「よい」のでしょうか。参加者たちの組み合わせを決める立場に立ったとき、どんな組み合わせを実現すればよいのでしょうか。少なくとも、参加者たちがその組み合わせに納得して受け入れてもらえるようなマッチングにしたいはずです。この意味で「よい」性質として、**安定性（stability）** という性質があります。ざっくりいうと、マッチングが安定的であるとは、どの参加者も、そしてどの参加者のペアも、そのマッチングから抜け出して別のマッチングを組もうとするインセンティブがない、ということです。マッチングの主催者が参加者たちの組み合わせを決めようとしても、それが安定的でないなら、参加者たちがその組み合わせに従うことは期待できません。せっかく苦労してマッチングを提案しても、「その組み合わせには納得できないから、俺たちは俺たちでやらせてもらうぜ」と言われてしまうわけです。

　厳密に定義しましょう。マッチング μ が

　（i）どの参加者によってもブロックされない

4）例えば患者とドナーのペアが 3 つ（(A，A のドナー)、(B，B のドナー)、(C，C のドナー)）あるときに、患者 A さんのドナーの腎臓を患者 B さんに移植し、B さんのドナーの腎臓を患者 C さんに移植し、C さんのドナーの腎臓を A さんに移植する、というケースも考えられます。

（ii）どのペアによってもブロックされない

という2つの条件を満たすとき、μ は**安定的**であるといいます。順番にみていきましょう。まず、マッチング μ が**参加者 $i \in S \cup C$ によってブロックされる**とは

$$\emptyset >_i \mu(i)$$

が成り立つことです。つまり、参加者 i（学生または大学）にとって、マッチング μ で組む相手が受け入れられないという状況です。例えば i が学生だとすると、大学 $\mu(i)$ は i の嫌いな大学で、そこに入学するくらいならどの大学にも通わないほうがマシなのに、無理やり入学させられている状況です。また、もし i が大学だとすると、$\emptyset >_i \mu(i)$ ということは、入学させるくらいなら誰も入学させないほうがマシなくらい、絶対に入学させたくない学生を入学させるよう強制されているような状況です。主催者がこのようなマッチング μ を提案しても、参加者たちはそれに従わず、離脱しようとするインセンティブを持ちます。マッチングが安定的であるためには、「どんな参加者によってもブロックされない」必要があります。この条件は**個人合理性（individual rationality）**と呼ばれます。

「よい」マッチングが個人合理性を満たすことは自然な要求ですが、唯一の要求ではありません。そして実際に、次に述べる「どんなペアにもブロックされない」という条件こそが、安定性という概念を主に特徴づけるものです。まず、マッチング μ が**参加者 $s \in S$ と $c \in C$ のペアによってブロックされる**とは

$$c >_s \mu(s) \text{ かつ } s >_c \mu(c)$$

が成り立つことです。つまり、学生 s は、いまの組み合わせ μ のもとで入学している大学 $\mu(s)$ よりも、別の大学 c のほうが好きで、大学 c もまた、いまの組み合わせ μ のもとで入学させている学生 $\mu(c)$ よりも、別の学生 s のほうを好ましいと思っている、という状況です。学生 s はいまの組み合わせには不満を持っていて、大学 c が受け入れてくれるなら大学 c に入学したいと思っています。同時に、大学 c もいまの組み合わせには不満があり、でき

ることなら学生 s を受け入れたいわけです。このように不満が残るマッチングが主催者から提案されても、彼らはそれを無視して自分たちでマッチしなおそうとするでしょう。マッチングが安定的であるために必要なもう 1 つの条件、「どんなペアによってもブロックされない」ことがいかに重要な条件なのか、おわかりいただけたと思います。以上で、安定性を定義することができました。

　安定性に似た概念として、**コア**（**core**）という性質があります。コアは一般の（協力）ゲーム理論で定義される解概念ですが、安定性との大きな違いは、安定性が個人またはペアによるブロックに対する頑健性（つまり、個人やペアがブロックしても利益が得られないこと）の条件であるのに対し、コアは任意のグループによるブロックに対する頑健性の条件である点です[5]。安定性はペア（人数が 2 人で、学生と大学の組み合わせに限られる）によるブロックのみを考慮するのに対し、コアはグループ（人数が任意で、学生どうしでも大学どうしでもよい）によるブロックをも考慮します。コアは、どんなグループによるブロックに対しても頑健なので、当然、個人によるブロックにもペアによるブロックにも頑健です。よって、あるマッチングがコアに入っているなら、それは安定性を満たします。実は、二部マッチングにおいては、逆もまた成り立ちます。つまり、あるマッチングが安定性を満たすなら、それはコアに入るのです。なぜなら、二部マッチングはペア（組み合わせ）を決めるものなので、本質的に意味のあるグループは、個人かペアかしか存在しないからです。実際、グループによるブロックが可能なときには、必ず個人かペアだけでもブロックが可能です。つまり、二部マッチングにおいては、安定性とコアはまったく同じなのです。

　安定性とコアが等価だと嬉しい理由はいろいろありますが、その一つは、

---

[5]　少し複雑ですが、二部マッチングにおけるコアは次のように定義できます。まず、マッチング μ が学生と大学のグループ $G \subseteq S \cup C \cup \{\emptyset\}$ に**ブロックされる**とは、別のマッチング μ' が存在して、G 内のメンバーだけで完結したマッチングをつくることができ（つまり、どの参加者 $i \in G$ についても $\mu'(i) \in G$）、かつどの参加者 $i \in G$ についても、$[\mu'(i) >_i \mu(i)$ または $\mu'(i) = \mu(i)]$ が成り立ち、かつ、ある参加者 $j \in G$ については $\mu'(j) >_j \mu(j)$ となることをいいます。そして、マッチング μ がどんなグループ $G \subseteq S \cup C \cup \{\emptyset\}$ にもブロックされないとき、μ は**コアマッチング**である（コアに入っている）といいます。

コアに入っているマッチングは必ず**パレート効率的**（Pareto efficient）であることです。あるマッチングがパレート効率的であるとは「組み換えによって、誰も損させることなく、誰かの組み合わせをいまよりも好ましいものに変えることはできない」ということです[6]。つまり、誰かを犠牲にしない限りは、別の誰かの組み合わせをよくすることができないくらい無駄がない、という意味で効率的なマッチングのことを、パレート効率的なマッチングと呼びます（なお、「パレート」はこの概念を提唱した研究者の名前です）。コアに入っているマッチングはパレート効率的であるというよく知られた事実から、「よい」マッチングとして安定的なマッチングを定義してみたら、それは効率性をも満たすことがわかったわけです[7]。

1.3　DA アルゴリズム

　さて、安定的なマッチングが「よい」ものであることはわかりましたが、ただ定義を書いただけでは、それが存在するかどうかはわかりません。例えば、（二部マッチングに限らない）一般的なゲーム的状況においてはコアに入る帰結は常に存在するわけではなく、状況ごとにそれが存在するための条件を考える必要があります。しかし、幸いにも、そして驚くべきことに、私たちがここまで導入してきた二部マッチングのモデルでは**安定的なマッチングは常に存在します**。参加者たちの選好に何らかの条件を仮定する必要はまったくありません。学生たちの選好がお互いにバラバラであろうと、また大学側の選好と学生たちの選好とが完全に真逆であろうと、それらに関係なく、安定的なマッチングは存在します。

6）パレート効率性の厳密な定義も述べておきます。あるマッチング μ が別のマッチング μ' に**パレート改善される**とは、すべての参加者 $i \in S \cup C$ について $[\mu'(i) >_i \mu(i)$ または $\mu'(i) = \mu(i)]$ が成り立ち、かつ、ある参加者 $j \in S \cup C$ については $\mu'(j) >_j \mu(j)$ が成り立つことをいいます。そして、マッチング μ がどのような他のマッチングにもパレート改善されないとき、**パレート効率的**であるといいます。

7）コアに入るマッチングがパレート効率的であることは次のように対偶を考えることで簡単に示せます。あるマッチングがパレート効率的ではないと仮定します。するとそれは、何か他のマッチングがすべての参加者にとって同程度以上に好ましいことを意味します。これはとりも直さず、いまのマッチングがすべての参加者によるグループによってブロックされるということで、コアに入っていないことを意味します。

さらにもう1つ驚くべき事実を付け加えると、安定的なマッチングは存在が保証されているだけでなく、アルゴリズムを使って**とても簡単に見つけることができる**のです。実用的な制度の設計を目的とするマーケットデザイナーの観点からすると、望ましいマッチングを見つけるためのアルゴリズムが存在するということは、非常にありがたい事実です。

そのアルゴリズムは、**DA アルゴリズム**（deferred acceptance algorithm：**受け入れ保留アルゴリズム**）と呼ばれます。DA アルゴリズムは、本書で扱うすべての事柄のなかで、最も重要なものの1つなので、丁寧に説明していきます。このアルゴリズムには少なくとも2つのバージョンがありますが、ここでは**学生応募制 DA アルゴリズム**について説明します[8]。なぜ「受け入れ保留」アルゴリズムと呼ばれているのかは、すぐにわかります。

1.3.1 DA アルゴリズムの定義

まずは DA アルゴリズムの定義を見てみましょう。

- **ステップ1**：(a) 各学生は自分にとって受け入れ可能な第1志望の大学に出願します（受け入れ可能な大学がなければ外部オプション $\emptyset$ 、つまり浪人を選びます）。

  (b) 各大学は、出願してきた学生の中から一番好ましい者を「仮に」受け入れて、それ以外の学生を不合格（reject）にします。ただし、受け入れ可能な出願者がひとりもいなければ、全員を不合格にします。

- **ステップ2**：(a) 不合格にされた学生は、次に志望する受け入れ可能な大学に出願します（なければ浪人を選びます）。

  (b) 各大学は、このステップで出願してきた学生と、前のステップで「仮に」受け入れた学生を**合わせた中から**、一番好ましい学生を「仮に」受け入れ、それ以外の学生を不合格にします。ただし、受け入れ可能な出願者がひとりもいなければ、全員を不合格にします。

8）もう1つは大学応募制 DA アルゴリズムです。

●ステップ 2 の過程を、出願がなくなるまで繰り返します。最後に、大学
が「仮」受け入れしている学生を正式に受け入れ、入学させます。

もちろん、この過程を参加者が実際にやる必要はありません。事前に参加者
たちが自分の選好をマッチングの主催者に提出しておけば、あとは主催者が
自分の手を動かすなりコンピュータに選好を入力してやるなりすれば、最終
的なマッチングを得ることができます。

　重要なのは、各ステップの（b）で、大学は学生を正式に受け入れるので
はなく、あくまで「仮に」受け入れている点です。たとえ前のステップで
「仮に」入学を認めた（キープした）学生がいたとしても、新たに出願して
きた学生が、いまキープしている学生よりも好ましければ、キープしている
学生を不合格にし、新たに出願してきた学生をキープすることができるので
す。最終的な「受け入れ」は、アルゴリズムが止まるまで「保留」されるわ
けです。これが、このアルゴリズムが「受け入れ保留（deferred accept-
ance）アルゴリズム」と呼ばれる所以です。

1.3.2　DA アルゴリズムを使ってみる

　実際に、このアルゴリズムがどのように動くか見てみましょう。学生の集
合を $S = \{s_1, s_2, s_3\}$、大学の集合を $C = \{c_1, c_2\}$ とし、以下の選好を考えま
す。

$$>_{s_1}: c_1, c_2$$
$$>_{s_2}: c_1$$
$$>_{s_3}: c_2, c_1$$
$$>_{c_1}: s_3, s_2, s_1$$
$$>_{c_2}: s_1, s_3$$

このリストは、学生 s_1 は大学 c_1 が第 1 志望で、c_2 が第 2 志望、というふう
に読んでください。また、学生 s_2 については、c_1 が第 1 志望で、c_2 は受け
入れ可能でない（$\emptyset >_{s_2} c_2$）、と読みます。この選好リストを使って、実際
に学生応募制 DA アルゴリズムを動かしてみます。もしこのアルゴリズム
を見るのが初めてなら、次の文章を目で追うのではなく、自分の手を使って

アルゴリズムの動き方を確かめることをおすすめします。

- **ステップ1**：(a) 学生 s_1 と s_2 は第1志望の大学 c_1 に出願し、学生 s_3 は第1志望の大学 c_2 に出願します。
(b) 大学 c_1 は、出願してきた s_1 と s_2 を比べて、より好ましい s_2 をキープし、s_1 を不合格にします。大学 c_2 は出願してきた s_3 をキープします。

- **ステップ2**：(a) 不合格にされた学生 s_1 は第2志望の大学 c_2 に出願します。
(b) 大学 c_2 は、キープしている s_3 と新規出願者の s_1 を比べて、より好ましい s_1 をキープし、s_3 を不合格にします。

- **ステップ3**：(a) 不合格にされた学生 s_3 は第2志望の大学 c_1 に出願します。
(b) 大学 c_1 はいまキープしている学生 s_2 と新規出願者の s_3 を比べ、より好ましい s_3 をキープし、学生 s_2 を不合格にします。

- **ステップ4**：(a) 不合格にされた学生 s_2 はもう志望する大学がないので、外部オプションを選びます。

- 出願がなくなったのでアルゴリズムが終わり、帰結は次の通りです。

$$s_1 \ \heartsuit \ c_2$$
$$s_2 \ \heartsuit \ \emptyset$$
$$s_3 \ \heartsuit \ c_1$$

つまり、学生 s_1 は大学 c_2 に入学し、s_2 はどの大学にも入らず、s_3 は大学 c_1 に入学する、というのが DA アルゴリズムが与えるマッチングです。このマッチングをひとまず μ と呼ぶことにします。数式で書くと、

$$\mu(s_1) = c_2, \ \mu(s_2) = \emptyset, \ \mu(s_3) = c_1$$

となります。

さて、このマッチング μ が安定的であることを示しましょう。今回の例は人数が少ないので、安定性を満たしているかをチェックすることは簡単です。例えば学生 s_3 に注目してみます。まず s_3 は受け入れ可能な大学と組んでいるので、個人によるブロックはできません。では s_3 は他の大学と組むことで、ペアによって μ をブロックできるでしょうか。s_3 にとって、いまよりも好ましい大学は c_2 ですが、c_2 はより好ましい s_1 と組んでいるので、s_3 のことを相手にはしないでしょう。よって s_3 を含むペアでは μ をブロックすることはできません。このようにして地道に μ の安定性を示すことができます。しかし、このように地道に安定性を示すのは骨が折れる作業です。人数が多くなれば、ブロックできるペアの可能性も膨大になるので、すべての可能性をつぶしていくのは少し大変です。

実は、DA アルゴリズムの定義を使えば、DA アルゴリズムの帰結が安定的であることを簡単に、そしてエレガントに示すことができます。

1.3.3　DA アルゴリズムと安定性

DA アルゴリズムは、集めた選好がどのようなものであっても、安定的なマッチングを与えます。

> **定理 1.** DA アルゴリズムが与えるマッチングは安定的である。

証明　DA アルゴリズムが与えるマッチングを μ とします。安定性は「個人合理性」と「どんなペアによってもブロックされない」という 2 つの条件で定められているので、これらを 1 つずつチェックしていきます。

(個人合理性)　μ が個人合理性を満たす、つまり、どの個人によってもブロックされないことを示します。アルゴリズムの定義によると、各学生は、各ステップにおいて、自分にとって受け入れ可能な大学にしか出願しません。よって、最終的なマッチングで、受け入れられない大学に入学していることはあり得ません。また、各大学は各ステップにおいて、自分にとって受け入れ可能な学生しかキープしません。よって、最終的なマッチングで、受け入れられない学生をキープしていることはあり得ません。したがって、μ はどの個人にもブロックされません。

（ペアによるブロックに対する頑健性） 次に、どんなペアにもブロックされないことを示します。学生 s は、いまマッチしている大学 $\mu(s)$ よりも、他の大学 c のほうを好んでいる、つまり

$$c >_s \mu(s) \tag{1.1}$$

が成り立っていると仮定します。s と c のペアが μ をブロックできるかどうかを調べます。まず、c が s を受け入れ可能でないなら、ブロックできるわけがありません。よって c にとって s が受け入れ可能であるケースを考えます。DA アルゴリズムの定義によると、学生は志望度の高い順に出願していくので、式 (1.1) が成り立っているということは、どこかのステップで s は c に出願していたはずです。しかし s の最終的なマッチ相手が c ではないということは、どこかのステップで c は s を不合格とし、代わりに他の学生 s' をキープしたことになります。つまり

$$s' >_c s \tag{1.2}$$

が成り立ちます。再び DA アルゴリズムの定義によると、各ステップで、大学はキープしている学生をそのままキープし続けるか、より好ましい学生に鞍替えするかのどちらかを行います。したがって、大学 c にとっての最終的なマッチ相手 $\mu(c)$ は

$$\mu(c) >_c s' \text{ または } \mu(c) = s' \tag{1.3}$$

を満たします。式 (1.2) と (1.3) をあわせると

$$\mu(c) >_c s \tag{1.4}$$

となります。DA アルゴリズムにおいては、式 (1.1) を仮定すると式 (1.4) が導けるのです。これは「s はいまの相手よりも c のほうが好きだ、と仮定すると、c は s よりもいまの相手のほうが好きである」ことが導かれてしまうということです。したがって、両想いで μ から抜け出すような大学 c と学生 s のペアは存在しない、つまり、どんなペアも μ をブロックすることができないことがわかりました。よって、DA アルゴリズムは安定的なマッチングを導くことが示せました。

証明終わり

1.4　現実の市場における重要性

　安定性やDA アルゴリズムが理論的に望ましいものであることはわかっていただけたと思いますが、それは私たちの生活にとって、どのような意義を持つのでしょうか。それについて、アルヴィン・ロスの興味深い一連の研究を紹介します。

　Roth（1984）は、アメリカの研修医マッチング制度（National Resident Matching Program：NRMP）を詳細に調べました。この制度では20世紀中頃から現在にいたるまで研修医と研修病院をアルゴリズムで配属しているのですが、ロスはここで実際に使われているのが DA アルゴリズムの一種であることを指摘しました。アルゴリズムの書き方に細かな違いはあったのですが、それはまさに病院応募制の DA アルゴリズムだったのです。ここで非常に興味深いのは、そのアルゴリズムが1950年代初頭から使われていたという事実です。つまり、マッチング理論の最初の論文である Gale and Shapley（1962）よりもかなり前から、DA アルゴリズムは現実の市場で使われていたのです。

　なぜDA アルゴリズムが現実の市場で使われていたのでしょうか。実は、アメリカの研修医マッチングアルゴリズムが考案された当初は、別の方式が採用される予定でした。しかしその方式は望ましい配属を実現しないと不満に思った参加者が改善を求める運動を起こしました。そして試行錯誤の末、彼らはマッチング方式を改良し、安定性を満たす DA アルゴリズムを発見するに至ったのです。そして、DA アルゴリズムは長期間にわたって採用されています（その後いくつかの変更が加えられたものの、アメリカの研修医マッチングではいまでも DA アルゴリズムをベースにした方式が使われています）。

　もちろん、これは１つの事例なので、アメリカのデータだけで、安定性が制度の存続に重要な役割をはたしているとは言い切れません。そこで、Roth（1991）はイギリスの研修医マッチングプログラムについても調べてみました。アメリカと同様にイギリスも研修医マッチングにアルゴリズムを使っていましたが、当時イギリスは地域ごとに異なるマッチング方式を採用

表1.1 現実の市場における安定性の意義

市場	安定性	現在まで存続[1]
アメリカの研修医マッチング		
・NRMP[2]	○	○[3]
イギリスの研修医マッチング		
・エディンバラ（1969年）	○	○
・カーディフ	○	○
・バーミンガム	×	×
・エディンバラ（1967年）	×	×
・ニューキャッスル	×	×
・シェフィールド	×	×
・ケンブリッジ	×	○
・ロイヤル・ロンドン病院	×	○
専門医マッチング（アメリカ）	○	○
歯科研修医マッチング（アメリカ）	○	○
NYCの高校での学校選択制	○	○

注1）以下の論文掲載時点：Roth（2002），Abdulkadiroğlu, Pathak and Roth（2009）
　2）NRMP：National Resident Matching Program
　3）1998年から新制度に移行

していました。面白いことに、いくつかの地域はアメリカにおけるプログラムの成功例をそのままマネしたのか、DA アルゴリズムを採用していたのですが、別の地域では DA アルゴリズムとは異なる方式を採用していました。いくつかの地域では安定的なマッチング方式が採用されましたが、別の地域ではそうでない方式が採用されることになったのです。

　結果として、安定的なマッチング方式は成功し、長期間にわたって使われるに至ったのに対して、安定的でない方式は、そのほとんどが、開始されてから数年以内に使われなくなっていたのです。

　表1.1は、ロスが調査した市場リストの一部を抜き出したもので、市場が安定性を満たしているかどうかと、それが長期間にわたり使われているかどうかをまとめたものです。ほとんどの安定的なマッチング方式は長期間にわたり存続している一方で、安定的でないもののほとんどは廃止されています。現場の市場参加者たちが試行錯誤で見つけたマッチング方式が、実は学者が理論的に導き出した方式と一致していることはとても興味深いことです。

1.5　おわりに

　この章ではマッチング理論の初歩を解説し、安定マッチングに関する理論が実際のマーケットデザインとどう関係しているかを少しだけ解説しました。もちろん、現実世界では安定性以外の政策的な論点がたくさんあります。そういった論点に理論の力で切り込んでいくのがこの本の大きな目標です。次の章ではマッチング理論をもっと掘り下げていきます。

参考文献

［1］Abdulkadiroğlu, Atila, Parag A. Pathak and Alvin. E. Roth（2009）"Strategy-Proofness versus Efficiency in Matching with Indifferences: Redesigning the New York City High School Match," *American Economic Review*, 99（5）, pp.1954-1978.

［2］Gale, David and Lloyd S. Shapley（1962）"College Admission and the Stability of Marriage," *American Mathematical Monthly*, 69（1）, pp.9-15.

［3］Roth, Alvin E.（1982）"The Economics of Matching: Stability and Incentives," *Mathematics of Operations Research*, 7, pp.617-628.

［4］Roth, Alvin E.（1984）"The Evolution of the Labor Market for Medical Interns and Residents: A Case Study in Game Theory," *Journal of Political Economy*, 92（6）, pp.991-1016.

［5］Roth, Alvin E.（1991）"A Natural Experiment in the Organization of Entry-Level Labor Markets: Regional Markets for New Physicians and Surgeons in the United Kingdom," *American Economic Review*, 81（3）, pp. 415-440.

［6］Roth, Alvin E.（2002）"The Economist as Engineer: Game Theory, Experimentation, and Computation as Tools for Design Economics," *Econometrica*, 70（4）, pp.1341-1378.

第**2**章

安定マッチングについて深掘りする

最適性、耐戦略性、そして古典的理論の限界

2.1 安定マッチングの性質

第1章ではマッチングの望ましい性質として「安定性」を定義し、DA アルゴリズム（受け入れ保留アルゴリズム）を使うことで安定的なマッチングを簡単に見つけられることを確認しました。つまり、安定的なマッチングは常に存在することがわかりました。しかし実は、安定的なマッチングは1つだけとは限りません。次の選好表で考えてみましょう。

$$> s_1 : c_1, c_2,$$
$$> s_2 : c_2, c_1,$$
$$> c_1 : s_2, s_1,$$
$$> c_2 : s_1, s_2.$$

このリストの読み方は第1章と同じで、例えば「学生 s_1 は大学 c_1 が1番好きで、大学 c_2 が2番目に好きである」などと読みます。学生応募制の DA アルゴリズムを使ってみると、ステップ1で学生 s_1 は大学 c_1 に出願し、学生 s_2 は大学 c_2 に出願しますが、誰も不合格にされないので、次のステップで新たな出願は生じません。よって DA アルゴリズムはこれで終了します。その帰結は

$$s_1 \quad \heartsuit \quad c_1$$
$$s_2 \quad \heartsuit \quad c_2$$

となり、第1章で証明した定理

> **定理1.** DA アルゴリズムが与えるマッチングは安定的である。

より、これは安定マッチングです。大学応募制の DA アルゴリズム（学生ではなく大学を応募側として定義した DA アルゴリズム）を使うと、今度は

$$s_1 \quad \heartsuit \quad c_2$$
$$s_2 \quad \heartsuit \quad c_1$$

が帰結になり、これも安定マッチングです。この例では安定マッチングは2つ存在するのです。安定マッチングが2つ以上存在するときには、一体どれを選べばよいのでしょうか。何らかの意味で最も望ましい安定マッチングはあるのでしょうか。

2.1.1　最適安定マッチング

　複数の安定マッチングのなかには、ある特別な性質を持つものがあります。**すべての学生にとって、他のあらゆる安定マッチング以上に好ましい結果になっているような安定マッチングが存在する**のです。「すべての学生にとって」というところがポイントです。いま、学生の数も大学の数も有限なので、マッチングとして可能な組み合わせは有限個しかありません。したがって、どの学生にとっても、その人にとって最も好ましい安定マッチングが存在するのは、当たり前のことです。しかし、すべての学生にとって最も好ましい共通の安定マッチングが存在する、ということをここでは述べているのです。これはとても不思議な結果です。学生たちは、各大学の限られた入学枠を争い合うライバルのような関係なので、学生たちのあいだで、「自分にとってはこのマッチングが良いが、他の学生にとっては別のマッチングのほうが良い」というふうに好みが分かれそうなものです。しかしそうはならず、安定マッチングのなかには学生全員に共通してベストなマッチングが存在するのです。そのような安定マッチングを、**学生最適安定マッチング**（student-optimal stable matching）と呼びます。

　このマッチングが大学側から見ても好ましいものであればよいのですが、話はそう簡単ではありません。実は学生最適安定マッチングは、大学側にとっては最も好ましくない安定マッチング（college-pessimal stable matching）になっています。一対一マッチングでは、学生と大学はまったく対称的なので、**大学最適安定マッチング**（college-optimal stable matching）が存在し、それは学生にとっては最も好ましくない安定マッチングになっています。また、学生応募制 DA アルゴリズムが見つける安定マッチングは、学生最適

安定マッチングであり、大学応募制 DA アルゴリズムが見つける安定マッチングは、大学最適安定マッチングであることを示すことができます。

　最適安定マッチングの意味を明確にするために、**達成可能性**（achievability）という言葉を定義します。学生 s にとって大学 c が**達成可能**（achievable）であるとは、ある安定マッチング μ が存在して、$\mu(s) = c$ となっていることです。つまり、達成可能な相手とは、何らかの安定マッチングでペアになれる相手のことです。学生最適安定マッチングとは、すべての学生が、自分にとって達成可能な相手の中で最も好ましい相手とペアになれるマッチングのことです（しかもそれはちゃんと安定マッチングになっています）。大学側にとってもまったく対称的な結果が成り立つので、ここでは学生応募制 DA アルゴリズムについてのみ示します。

> **定理 2.** 学生応募制 DA アルゴリズムが与えるマッチングは学生最適安定マッチングである。

証明　学生応募制 DA アルゴリズムの定義より、各学生は志望度の高い順に大学に出願していき、不合格とされなければ出願した大学に入学できます。したがって、**どの学生も、DA アルゴリズムのどのステップにおいても、自分にとって達成可能な大学からは絶対に不合格とされない**ことを示せば十分です。それが示せれば、アルゴリズム終了時には、達成可能な大学のうち一番志望度の高い大学に入学していることになるからです。そして、DA アルゴリズムの帰結なので、安定性も満たすのです。

　背理法によって示しましょう。DA アルゴリズムのどこかのステップで、達成可能な大学から不合格とされた学生が存在すると仮定します。そのような学生のうち、最も早いステップで不合格とされてしまった学生を s とします[1]。つまり、DA アルゴリズムを使うことによる最初の被害者が s です。学生 s のことを不合格とした大学を c とします。ここで、両者が組むことができる何らかの安定マッチングを μ とします（c は s にとって達成可能なのでそのようなマッチング μ が存在します）。学生 s が達成可能な大学 c から

---

[1] 最も早いステップで不合格とされた学生が複数いる場合は、そのうちの任意の1人（例えば名前順で最も早い学生）を s とします。

不合格とされたことから、このステップ以前に他の学生 s' が c に出願し、c は s' をキープしたことがわかります。つまり

$$s' >_c s \tag{2.1}$$

が成り立ちます。また、s' が c に出願したことから

$$c >_{s'} \mu(s') \tag{2.2}$$

を導くことができます。やや複雑なところなので、丁寧に説明します。式 (2.2)が成り立たないということは、

$$c = \mu(s') \text{ または } \mu(s') >_{s'} c$$

が成り立ちますが、どちらもあり得ないことを示します。まず、s と s' は別人で、μ は s と c が組んでいるマッチングなので、$c \neq \mu(s')$ です。次に、

$$\mu(s') >_{s'} c$$

が成り立つとすると、s' が c に出願したということは、さらに前のステップですでに s' は $\mu(s')$ に出願し、不合格とされていることを意味します。DA アルゴリズムでは、志望度の高い順に大学に出願していくからです。しかしそれは、s' が安定マッチングで組める相手から、学生 s よりも先に不合格とされていることを意味します。これは s が最初の被害者であることに矛盾します。よって式(2.2)が成り立つのです。式(2.1)と(2.2)と、$s = \mu(c)$ より、

$$s' >_c \mu(c) \text{ かつ } c >_{s'} \mu(s')$$

が成り立ちますが、これは学生 s' と大学 c のペアが μ をブロックできることを意味します。これは μ の安定性に矛盾します。よって、最初の背理法の仮定が間違っており、達成可能な相手から不合格とされる学生は存在しないことが示されました。

証明終わり

この定理を使うと、学生応募制 DA アルゴリズムの帰結が、大学にとっ

ては最も好ましくない安定マッチングになっていることが簡単に示せます。

> **定理3**．学生応募制 DA アルゴリズムが与えるマッチングは大学にとって最も好ましくない安定マッチングである。

証明　ここでも、背理法を用いて証明します。学生応募制 DA アルゴリズムの帰結を μ^* とします。帰結 μ^* において、最も好ましくない安定マッチングにおけるマッチ相手とは異なる相手とペアになっている大学 c が存在すると仮定し、矛盾を導きます。帰結 μ^* で c がペアになっている学生を s とします（つまり $\mu^*(c) = s$）。仮定より、大学 c にとって、達成可能だが学生 s よりも好ましくない学生が存在するので、そのような学生を s' とし、s' と c がペアになっている安定マッチングを μ とします。つまり

$$s >_c s' \ \text{と} \ s' = \mu(c)$$

が成り立ちます。定理2より、μ^* は学生にとって最適なので、s は c のほうを $\mu(s)$ よりも厳密に好みます（$\mu(s)$ と c は別の大学であることに注意）。つまり

$$c >_s \mu(s)$$

です。よって

$$s >_c \mu(c) \ \text{かつ} \ c >_s \mu(s)$$

が成り立ちますが、これは s と c のペアが μ をブロックできるということなので、μ の安定性に矛盾します。よって、背理法の仮定が間違っており、大学は μ^* において、達成可能な中で最も好ましくない相手とマッチングしていることが示されました。

証明終わり

　これらの結果は、単に数学的に興味深いだけでなく、現実のマッチング制度をデザインする際にも重要な意味を持ちます。1990年代に、アメリカでは全米研修医マッチングプログラム（National Resident Matching Program;

NRMP）で使われるアルゴリズムが再設計されたのですが、大きな変更点は、病院応募制の DA アルゴリズムから、研修医応募制の DA アルゴリズムに切り替わったことでした。いま示した 2 つの定理によれば、旧プログラムでは研修医にとっては最も好ましくない安定マッチングが組まれていたのに対し、新しいプログラムのもとでは、研修医にとって最適な安定マッチングが組まれるようになったのです。次章で詳しく説明しますが、実際に、これらの定理はこの制度変更に対して大きな影響を与えました。

2.1.2　僻地病院定理

さて、前項で紹介した定理を使って、次の結果を示すことができます。

> 定理 4．ある安定マッチングでペアのいない（つまり外部オプションとマッチしている）学生や大学は、他のどんな安定マッチングでもペアとなる相手がいない。

証明　学生最適安定マッチングを μ^* とし、任意の安定マッチングを μ とします。

- μ^* は学生にとって最適な安定マッチングなので、μ で入学している学生は、μ^* でも入学しているはずです。
- μ^* は大学にとって最も好ましくない安定マッチングなので、μ^* で学生を持つ大学は、μ でも学生を持つはずです。
- いま考えているのは一対一マッチングなので、μ において「入学している学生の人数」と「学生を持つ大学の数」は等しくなければなりません。
- ということは、μ^* でペアとなる相手のいる学生や大学と μ でペアとなる相手のいる学生や大学は、等しくなければなりません。

よって、マッチ相手を持つ人はどんな安定マッチングでも常に相手を持つが、マッチ相手を持たない人はどんな安定マッチングでも相手を持たないことが示されました。

証明終わり

　この定理から、次のことが言えます。研修医最適安定マッチングにおいて研修医が誰も配属されないような、不人気な病院があったとします。その病院には、どのような安定マッチングにおいても（たとえ病院最適安定マッチングにおいても）、研修医が誰も配属されないという、少しかわいそうな帰結が導かれます。このことから、この定理は**僻地病院定理**（rural hospital theorem）とも呼ばれます。僻地病院定理は、現実のマッチング制度の設計において重要な洞察を与えてくれます。例えば、研修医マッチングにおいて、都市部の病院の定員が埋まる一方で、地方にある病院に十分な人数の研修医が配属されない点が問題視されることがあります。しかし、この定理によれば、マッチングの望ましさとして安定性を求める限り、各病院に配属される研修医の数を変えることはできないのです。2009年、日本政府は研修医の地域偏在の問題を解消するために、もともと使っていた DA アルゴリズムを使うのをやめ、別の制度に変えてしまいました。それによって地域偏在の問題はある程度解消されましたが、マッチングの安定性は失われてしまいました。日本における研修医マッチングの設計問題については、第 4 章で詳しく扱います。

　僻地病院定理は、とてもネガティブな定理に見えますが、ポジティブな意味も持ちます。アメリカの研修医マッチングプログラムにおいて、1990年代に制度が再設計される以前は、病院応募制の DA アルゴリズムが採用されていました。これは病院にとって有利なアルゴリズムなので、もしかしたら他の安定マッチングではどこかに配属されるような研修医が、病院応募制 DA アルゴリズムのもとではどこにも採用されていないのではないか、病院側の利益のために、研修先を失っている研修医がいるのではないか、と心配する声がありました。しかし、僻地病院定理は、そのようなことがないことを保証してくれます。また、制度改革によって研修医応募制の DA アルゴリズムに変更しても、それによって定員を埋められない病院が増えることはないのです。どの安定マッチングを選ぶかによって研修医と病院のどちらに有利なのかは変わるものの、そう大きくは変わらないという意味で、制度の選択問題における、ある種の公平性を保証する定理でもあります。

2.2　耐戦略性

　前節までは、経済学というよりは計算機科学の世界の話でした。というのも、マッチングの主催者が、参加者たちの選好をすべて知っているかのように、話を進めてきたからです。しかし、参加者たちの選好は参加者たちの心のうちにあり、私的情報の最たるものです。したがって、何らかの方法で参加者の選好を集める必要がありますが、マッチングの主催者が参加者たちに彼らの選好を聞いて回ったとしても、自分の選好を正直に申告してくれるとは限りません。意図的に嘘の選好を申告して、得をしようとするかもしれないのです。世の中では、家族や恋人の好みすら勘違いしてトラブルが発生することがあるのに、赤の他人であるマッチングの主催者が多数の参加者の好みを正しく集めることなどできるのでしょうか？　これはまさに経済学的な問題です。DA アルゴリズムは、真の選好のもとでは安定性という望ましい性質を持つマッチングを与えますが、もし集めた選好の情報が嘘であれば、結果として得られるマッチングは、真の選好のもとではまったく安定的ではないかもしれません。

2.2.1　安定的かつ耐戦略的なメカニズムの不可能性

　これまでのモデルでは、参加者たちの「真の選好」と「申告された選好」を区別していませんでしたが、これからは区別して扱います。参加者たちが申告した選好に対して、何らかのマッチングを与える手続きを**メカニズム**と呼びます[2]。安定的なマッチングを選ぶことを「目標」だとすると、メカニズムとはその目標を達成するための「実行手段」です。DA アルゴリズムはメカニズムの一種ですが、真の選好を申告させることができなければ、帰結が真の選好のもとで安定的かどうかはわからず、実行手段としては不備があります。

　どのような申告に対してもその申告のもとで安定マッチングを選ぶようなメカニズムのことを、**安定的**なメカニズムと呼びます。また、どの参加者に

2）メカニズムの厳密な定義は第2.6節で述べます。

ついても、他の参加者の申告がどのようなものであっても、どのような嘘を
ついても、正直な申告をしたときよりも望ましい相手にマッチできないメカ
ニズムのことを、**耐戦略的（strategy-proof）**なメカニズムと呼びます[3]。
つまり、耐戦略的なメカニズムのもとでは、真の選好がどんなものであって
も、他の参加者がどんな申告をしようとも、各参加者は正直な申告をするこ
とが各参加者にとって最適になります。このようなメカニズムのもとでは誰
も嘘をつくインセンティブを持たないため、真の選好が集まることが期待で
きます。はたして、安定的かつ耐戦略的なメカニズムは存在するのでしょう
か。

　DA アルゴリズムは安定的なメカニズムですが、残念ながら、耐戦略性を
満たしません。本章冒頭の選好表で再び考えてみましょう。参加者たちの真
の選好は

$$
\begin{aligned}
&>_{s_1}: c_1, c_2, \\
&>_{s_2}: c_2, c_1, \\
&>_{c_1}: s_2, s_1, \\
&>_{c_2}: s_1, s_2
\end{aligned}
$$

で、学生応募制 DA アルゴリズムの帰結は

$$
\begin{aligned}
s_1 \quad &\heartsuit \quad c_1 \\
s_2 \quad &\heartsuit \quad c_2
\end{aligned} \quad \text{（真の選好のもとでの帰結）}
$$

でした。しかしここで、大学 c_1 が自分の選好を偽り、申告された選好表が

$$
\begin{aligned}
&>_{s_1}: c_1, c_2, \\
&>_{s_2}: c_2, c_1, \\
&>'_{c_1}: s_2, \emptyset, s_1, \\
&>_{c_2}: s_1, s_2
\end{aligned}
$$

となったとしましょう。つまり、c_1 は本当は s_1 を受け入れ可能なのに、「s_1
を入学させるくらいなら誰も入学させないほうがマシだ」と嘘をついたので

す（外部オプション $\emptyset$ 以下の選好は省略することが多いのですが、ここでは s_1 の位置を明示的に書いています）。さて、この選好表のもとで DA アルゴリズムを使ってみましょう。

- **ステップ 1**：(a) 学生 s_1 は第 1 志望の大学 c_1 に出願し、学生 s_2 は第 1 志望の大学 c_2 に出願します。

  (b) 大学 c_1 は、s_1 を受け入れ可能でないので、不合格とします。大学 c_2 は、出願してきた s_2 をキープします。

- **ステップ 2**：(a) 不合格とされた学生 s_1 は第 2 志望の大学 c_2 に出願します。

  (b) 大学 c_2 は、キープしている s_2 と新規出願者の s_1 を比べて、より好ましい s_1 をキープし、s_2 を不合格とします。

- **ステップ 3**：(a) 不合格とされた学生 s_2 は第 2 志望の大学 c_1 に出願します。

  (b) 大学 c_1 は学生 s_2 を受け入れ可能なので、キープします。

- 新たな出願が生じないのでアルゴリズムは終了し、帰結は

$$s_1 \quad \heartsuit \quad c_2$$
$$s_2 \quad \heartsuit \quad c_1$$
（虚偽申告のもとでの帰結）

となります。

　2 つの帰結を比べてみると、大学 c_1 が虚偽の申告をしたことによって得をしていることがわかります。真の選好を申告すると第 2 希望の学生 s_1 とペアになりますが、虚偽申告をすると最も欲しい学生である s_2 とペアになれるのです。大学 c_1 は、入学を認める学生の条件を厳しくし、競争性を高めることで、自分にとってより好ましい学生を獲得していると考えられます。これは、経済学の他分野でも研究される需要の過少申告（demand reduction）と呼ばれる戦略と似ています。例えば、値引き交渉において、本当は 1 万円まで支払えるのに、「5000 円までしか支払えません」と申告することで、より安い値段で財を購入しようとすることと原理が似ていると言えます。

　残念なことに DA アルゴリズムは耐戦略性を満たしませんが、これは DA

アルゴリズムに限った話ではありません。実は、安定的かつ耐戦略的なメカニズムは存在しないのです。つまり、私たちが帰結の望ましさとして安定性を求める限り、耐戦略性を満たすことはできないし、また、耐戦略的なメカニズムを使う限り、帰結の安定性を保証することができないのです。

> **定理5**. 安定的かつ耐戦略的なメカニズムは存在しない。

証明 証明はとてもシンプルです。なぜなら、耐戦略性は、あらゆる選好の組み合わせに対して、いかなる嘘をついても誰も得ができないことを要求する条件なので、任意の安定的なメカニズムに対して、たった1つでも、嘘をついて得をするような選好の組み合わせを見つければよいからです。実は、先ほども例に挙げた次の選好表が、そのような選好の組み合わせになっていることがわかります。

$$
\begin{aligned}
&>_{s_1}: c_1, c_2, \\
&>_{s_2}: c_2, c_1, \\
&>_{c_1}: s_2, s_1, \\
&>_{c_2}: s_1, s_2.
\end{aligned}
$$

この選好のもとでは、DA アルゴリズムに限らず、すべての安定的なメカニズムは

$$
\text{(i)} \begin{array}{ccc} s_1 & \heartsuit & c_1 \\ s_2 & \heartsuit & c_2 \end{array} \quad \text{または} \quad \text{(ii)} \begin{array}{ccc} s_1 & \heartsuit & c_2 \\ s_2 & \heartsuit & c_1 \end{array}
$$

のどちらかを帰結として選びます。安定マッチングがこの2つしかないからです。一方、先ほどと同様に c_1 が虚偽申告をすると、安定マッチングは

$$
\begin{array}{ccc} s_1 & \heartsuit & c_2 \\ s_2 & \heartsuit & c_1 \end{array} \quad (c_1 \text{ が虚偽申告したとき})
$$

のみになります。したがって、DA アルゴリズムに限らず、安定的なメカニズムは必ずこの帰結を選びます。一方、学生 s_1 が同じような虚偽申告をし、選好表が

$$>'_{s_1}: c_1, \emptyset, c_2,$$
$$>_{s_2}: c_2, c_1,$$
$$>_{c_1}: s_2, s_1,$$
$$>_{c_2}: s_1, s_2$$

となったとしましょう。すると安定マッチングは

$$s_1 \quad \heartsuit \quad c_1$$
$$s_2 \quad \heartsuit \quad c_2 \quad (s_1 が虚偽申告したとき)$$

のただ 1 つだけになります。よって、真の選好のもとで(i)を選ぶ安定的なメカニズムを使うと、大学 c_1 が虚偽の申告をすることで得ができます。また、真の選好のもとで(ii)を選ぶ安定的なメカニズムを使うと、学生 s_1 が虚偽の申告をすることで得ができてしまいます。つまり、メカニズムに安定性を要求すると、耐戦略性が成り立たないのです。したがって、耐戦略的で安定的なメカニズムは存在しないのです。

証明終わり

　メカニズムの性能を理論的に評価する際には、どんな場合にも望ましい性質を満たすかどうかを調べることが非常に多いです。そして、この定理のように、メカニズムにたった一箇所でも欠陥があれば、すぐさま「不可能性」が導かれることになります。しかし、私たちが本当に関心があるのは、**この結果が現実の制度設計にどのような影響を与えるのか**という点です。例えば、現実の研修医マッチングプログラムにおいて、「選好の虚偽申告は実際にどれくらい行われるのか」「虚偽申告によってどれくらい安定性が失われてしまうのか」といった問題です。マーケットデザイナーにとって重要なことは、必ずしも理論の完璧さではなく、「理論が現実の制度設計にどれくらい使えるのか」ということです。実際のところ、DA アルゴリズムは現実のさまざまな制度で長い期間活用されており、成功を収めています。したがって、確かに DA アルゴリズムは耐戦略的ではないものの、現実ではそれほど戦略的な虚偽申告は行われていないのではないか、と予想できます。であるならば、なぜ現実には虚偽申告が少ないのかを説明する新たな理論が必要

になりそうです。このような問題については、第3章で詳しく扱います。

2.2.2 片側耐戦略性

前項では、不可能性定理を証明してしまいましたが、良いニュースもあります。DA アルゴリズムは、**片側耐戦略性**（strategy-proofness for one side）という、耐戦略性を弱めた条件を満たします。学生応募制 DA アルゴリズムのもとでは、各学生は、他の参加者がどんな申告をしようとも、自分の選好を正直に申告することが最適になります。つまり、学生応募制 DA アルゴリズムは、学生にとっては耐戦略的なのです。対称的に、大学応募制 DA アルゴリズムは、大学側の耐戦略性を満たします。

> **定理6.** 学生応募制 DA アルゴリズムは、学生側耐戦略性を満たす。

この定理が成り立つことの直感を説明しましょう[4]。学生応募制 DA アルゴリズムのもとでは、大学側は受け入れを保留できます。これは、学生側から見ると、「自分が第1志望の大学に出願しても、第2志望以下の大学に入学できる機会が失われない」ことを意味します。

このことをわかりやすくするために、DA アルゴリズムの対極にある、いわば**受け入れ即決アルゴリズム**（immediate acceptance algorithm）を考えてみましょう。受け入れ即決アルゴリズムのもとでは、大学は出願してきた学生の中から1人を選んで受け入れを確定させ、マッチングの場から撤退しなければなりません。学生からすると、「本当は第1志望の大学 c_1 に出願したいけれど、その間に第2志望の大学 c_2 の定員が埋まってしまうかもしれない。大学 c_1 は人気だから合格できない可能性が高い。すると残るは第3志望の大学か、あるいは浪人か。よし、本当は第2志望だけど、第1志望だと偽って、大学 c_2 に出願しよう」と、戦略的な虚偽申告を考える可能性があるのです。

しかし DA アルゴリズムには、このような一発勝負感がありません。受け入れが最後まで保留されているため、たとえ第1志望の大学から不合格を

4）厳密な証明はやや複雑なため、第2.6節に書きました。

言い渡されても、まだ第 2 志望の大学の入学枠は自分に開かれているので、安心して正直に選好を申告できます。このような理由により、学生応募制 DA アルゴリズムは、学生側耐戦略性を満たすのです。

また、学生応募制 DA アルゴリズムは、**学生側グループ耐戦略性**（group-strategy-proofness for students）という性質をも満たします。たとえ複数の学生たちが結託して虚偽の選好を申告しても、正直申告する場合と比べて得をすることがないのです。大学応募制 DA アルゴリズムについても、同様の性質が成り立ちます。

2.3 多対一マッチング

ここまでは一対一マッチングを考えてきましたが、現実では大学は複数人の学生を受け入れるのが一般的です。これまでに得られた結果を、多対一マッチングのモデルへと拡張するわけですが、ありがたいことに、一対一マッチングで成り立つ結果のほとんどは、多対一マッチングでも成り立ちます。

2.3.1 モデル

学生の集合を S、大学の集合を C とします。各大学 $c \in C$ には、定員 $q_c \geq 1$ があります。この q_c は大学 c が受け入れることができる学生の最大人数で、quota（定員）の頭文字を使っています。これまでの一対一マッチングの設定では、すべての大学について $q_c = 1$ としてきたわけですが、これからは q_c は 1 以上の整数であれば何でも構いません。これまでと異なるのは、各大学が複数人の学生を受け入れることが許されている点です。多対一マッチング $\mu : S \bigcup C \to S \bigcup C \bigcup \{\emptyset\}$ が満たすべき条件は以下のようになります[5]。

1. どの学生 $s \in S$ についても、

---

[5] 記号 → は、対応（correspondence）を表す記号です（多価関数と呼ぶこともあります）。多対一マッチングを表す μ は値域として集合をとるので、関数ではなく対応で表現できます。

$$\mu(s) \subseteq C \text{ かつ } |\mu(s)| \leq 1.$$

2．どの大学 $c \in C$ についても、

$$\mu(c) \subseteq S \text{ かつ } |\mu(c)| \leq q_c.$$

3．どの学生 $s \in S$ とどの大学 $c \in C$ についても

$$\mu(s) = \{c\} \Longleftrightarrow s \in \mu(c).$$

学生 s については、$\mu(s)$ はこれまでと同じく 1 つの大学もしくは外部オプションを表しますが、大学 c については、$\mu(c)$ は 1 人の学生とは限らず、学生のグループを表します。学生は高々 1 つの大学にしか通えませんが、大学は複数人の学生を受け入れることもできるというわけです。学生が通える大学は多くとも 1 つしかないので、以下では $\mu(s) = \{c\}$ の場合は $\mu(s) = c$ と表記します。学生は $C \bigcup \{\emptyset\}$ 上に、大学は $S \bigcup \{\emptyset\}$ 上に選好を持つとします[6]。

　多対一マッチングにおいても、安定性は一対一マッチングの場合とほとんど同じように定義できます。多対一マッチング μ が**個人合理的**であるとは、すべての学生 $s \in S$ とすべての大学 $c \in C$ および、すべての $s' \in \mu(c)$ について

$$[\mu(s) >_s \emptyset \text{ または } \mu(s) = \emptyset] \text{ かつ } s' >_c \emptyset$$

が成り立つことです。多対一マッチング μ が学生と大学のペア (s, c) に**ブロックされる**とは、

$$c >_s \mu(s) \text{ かつ}$$
（i）ある学生 $s' \in \mu(c)$ が存在して $s >_c s'$ または
（ii）$|\mu(c)| < q_c$ かつ $s >_c \emptyset$

となることです。条件(ii)は、大学 c の定員に空きがあり、しかも s のことを

6）実は大学側の選好に何らかの仮定を置かなければ、インセンティブの問題を扱うことができません。大学側の選好に課される仮定については第2.3.3項で説明します。

受け入れ可能である場合を意味します。多対一マッチング μ が個人合理的であり、どんなペアにもブロックされないとき、**安定的**であるといいます。

2.3.2　DA アルゴリズムと安定マッチング

　多対一に拡張しても安定マッチングの存在を示すことができます。まず、各大学 c には定員 q_c があるわけですが、これを定員が1であるような q_c 校の大学に分割することを考えます。定員が100の大学があれば、それを定員が1であるような100校の異なる大学として考えるのです。すべての大学を定員が1の大学に分割すれば、一対一マッチングと同じ状況になります。よって、DA アルゴリズムがそのまま使えて、安定マッチングを得ることができます。分割した大学たちを1つの大学に統合すれば、多対一マッチングにおける安定マッチングを得ることができるのです[7]。

　もう少し直接的に、安定マッチングの存在を示すこともできます。そのために、多対一マッチングにおいても使えるように一般化した学生応募制 DA アルゴリズムを定義します。

● **ステップ1**：(a) 各学生は第1志望の大学に出願します（なければ浪人を選びます）。

(b) 各大学 c は、出願してきた学生の中から定員 q_c までの範囲で好ましい者を「仮に」受け入れ、それ以外の学生を不合格とします。受け入れ可能でない出願者は不合格とします。

● **ステップ2**：(a) 前のステップで不合格とされた学生は、次に志望する大学に出願します（なければ浪人を選びます）。

(b) 各大学 c は、このステップで出願してきた学生と、前のステップで「仮に」受け入れた学生を合わせた中から、定員 q_c までの範囲で好ましい者を「仮に」受け入れ、それ以外の学生を不合格とします。受け入れ可能でない出願者は不合格とします。

---

7) 実は厳密な取り扱いには少し慎重な議論が必要ですが、本筋から外れるので本書では省略します。気になる方は Roth and Sotomayor（1990）の chapter 5 などを参照してください。

● 以上の過程を出願がなくなるまで繰り返します。最後に、大学が「仮」
　受け入れしている学生を正式に受け入れ、入学させます。

一対一マッチングにおける DA アルゴリズムとの唯一の違いは、各大学が
自分の定員の範囲内で複数の学生を仮受け入れできる点です。

　このように一般化された DA アルゴリズムが安定マッチングを与えるこ
とは、前章と同様に示すことができます。帰結が個人合理性を満たすことは
自明なので、ブロックできる可能性のあるペアが存在するかどうかを考えま
す。もし、学生 s がアルゴリズムによって決まった相手 $\mu(s)$ に納得できず、
他の大学 c に入学したいとすると、学生 s はアルゴリズムの途中で c に出願
しており、しかも不合格とされているはずです。不合格とされているという
ことは、大学 c は学生 s よりも好ましい学生で定員を埋めてしまっていると
いうことなので、s と c はブロックできるペアではありません。このように
して、ブロックできるペアは存在しないことが示せます。よって、一般化さ
れた DA アルゴリズムの帰結は安定マッチングであることがわかります。
定理として述べておきましょう。

> **定理 7.** 多対一マッチングにおいても安定マッチングは存在し、DA
> アルゴリズムはそれを見つけることができる。

2.3.3 感応的選好の仮定

　注意深い読者は、大学側の選好を暗黙のうちに単純化していたことに気づ
いたかもしれません。実は、多対一マッチングにおいて大学が複雑な選好を
持っている場合、安定マッチングが存在しないことがあります。例えば、各
地域からの入学者が多くなりすぎたり、逆に少なくなりすぎたりしないよう
に、地域ごとのバランスをとろうとする大学があると、安定マッチングが存
在しない可能性があります。定理 7 は、大学が「学生を個別に評価してい
て、学生たちのバランスなど、その他の要素は考慮しない」というような単
純な選好を持つことを仮定したときに成り立つ結果です。この条件を数学的
に定式化した、多対一マッチングにおける代表的な単純化の仮定である**感応**

性（**responsiveness**）とは、次のようなものです[8]。まず、大学 c の選好を、定員内の学生の集合の集合上に拡張します。人数が定員 q_c 以下であるという条件を満たす学生の集合の集合を

$$S(c) = \{S' \subseteq S : 0 \leq |S'| \leq q_c\}$$

とし、$S(c)$ 上の強選好 $>_c^*$ を考えます。$|S'| \leq q_c - 1$ を満たす任意の学生の集合 $S' \subsetneq S$ について

$$\forall s, t \in S \backslash S', \ S' \textstyle\bigcup \{s\} >_c^* S' \textstyle\bigcup \{t\} \Longleftrightarrow s >_c t$$
$$\forall s \in S \backslash S', \ S' \textstyle\bigcup \{s\} >_c^* S' \Longleftrightarrow s >_c \emptyset$$

が成り立つとき、拡張された選好 $>_c^*$ は **感応的**（**responsive**）であるといいます（Roth 1985）。もともと大学は個々の学生たちに対して選好を持っているわけですが、感応的選好の仮定は、学生のグループに対する選好が、個々の学生に対する選好のみに感応的であることを要求する、一種の独立性の条件です。

　例えば、大学 c の選好が

$$>_c : s_1, s_2, s_3, s_4, s_5$$

となっていたとします。このとき、

$$A = \{s_1, s_2, s_3, s_4\}$$

という学生のグループと

$$B = \{s_1, s_3, s_4, s_5\}$$

という学生のグループのうち、どちらを好むかを考えてみます。2 つのグループの違いは、s_2 と s_5 がいるかどうかですが、いま $s_2 >_c s_5$ なので、大学 c はグループ A をグループ B よりも好むとするのが自然に思えます。感応的選好の仮定とは、このようなことを要求する条件です[9]。

8）感応性（responsiveness）という用語は、「学生の集合に対する選好が、学生個人に対する選好に対して感応的である」ということから来た言葉ですが、現在では由来はあまり気にせず一単語の responsiveness という用語が広く用いられています。

2.3.4　多対一でも成り立つことと成り立たないこと

　感応的選好を仮定すると、一対一マッチングで成り立つ多くの結果が多対一マッチングでも成り立つことを示せます。一対一マッチングと同様に、学生応募制 DA アルゴリズムの帰結は学生最適安定マッチングになっており、それは大学側にとっては最も好ましくない安定マッチングになっています。対称的に、大学応募制 DA アルゴリズムの帰結は大学最適安定マッチングであり、それは学生からすると最も好ましくない安定マッチングです。このことから、僻地病院定理も成り立ちます。ある安定マッチングで浪人する学生は、どんな安定マッチングのもとでも浪人することになりますし、各大学が受け入れられる学生の数は、どの安定マッチングでも同じになります。したがって、ある安定マッチングで定員を埋められない大学は、どんな安定マッチングのもとでも定員を埋めることはできません。これらの結果は、定員 q_c を持つ大学を定員が 1 の q_c 校の大学に分割して一対一マッチングを行うことを考えれば、すぐに示せます。

　また、多対一マッチングで使えるように一般化した学生応募制 DA アルゴリズムは、学生側耐戦略性を満たします。しかし、大学応募制 DA アルゴリズムは、大学側耐戦略性を満たしません（Roth 1985）。また、大学は自らの定員 q_c を過少申告することによっても得をする可能性があります。例えば、本当は100人の学生を入学させることができるのに、90人までしか入学させられません、と偽ることで、得をする場合があるのです。Sönmez (1997) は、定員の過少申告によって得をすることができないような安定的メカニズムは存在しないことを証明しています。

2.4　カップルがいるマッチング

　現実のマッチング市場には、カップルが多数参加しています。例えば、前述の NRMP では研修医全体の 5 〜10％が、APPIC（アメリカの臨床心理学

9）実際には感応性よりも弱い条件のもとでも多くの定理が成立しますが、詳細は省略します。

博士号取得者とポスドク先とをマッチングさせるプログラム）では臨床心理学者全体の1～2％がカップルとしてマッチングに参加しています（これらの制度ではカップルであることを明示的に宣言できるようになっています）[10]。また、女性の労働市場への参加率の増加に伴い、カップルがマッチング市場に存在する割合は増加していくと考えられます。無視できないほど多くのカップルが現実の市場には参加しているのです。

研修医のカップルたちは「同じ地域の病院で働きたい、違う地域の病院で離れて働くのは嫌だ」という選好を持つことが多いでしょう。しかし、DAアルゴリズムはカップルたちを別々の独立した参加者として扱ってしまうので、帰結が「夫は東海岸のボストンで働くが、妻は西海岸のロサンゼルスで働く」ことになってしまう可能性もあります。アメリカの西海岸と東海岸を往復するための時間的・金銭的なコストだけを考えても、相当な負担です。マッチングプログラムによってカップルたちの夫婦生活を引き裂かないためには、どのような制度を設計すればよいのでしょうか。

2.4.1 安定マッチングの不可能性

再び、学生と大学の例で説明します。独身の学生 s、結婚している学生のカップル (m, w)、そして大学 c_1, c_2 が参加しているマッチング市場を考えます。大学 c_1, c_2 の定員を1とします。参加者たちは次の選好を持っているとします。

$$>_s : c_1, c_2,$$
$$>_{(m,w)} : (c_1, c_2),$$
$$>_{c_1} : m, s,$$
$$>_{c_2} : s, w.$$

大学 c_1 と c_2 は同じ都市にある大学で、カップルたちは2人とも同じ都市の大学に通いたいが、そうでなければ浪人したほうがマシだ、という選好を持っているわけです。また、話を単純化するために夫 m は c_1 に、妻 w は c_2

---

10) NRMP については、https://www.nrmp.org/match-data/ を、APPIC については、https://www.appic.org/Match/Match-Statistics を参照してください。

に入学したいが、その組み合わせでなければ浪人を選ぶとします。やや奇妙な選好にも思えますが、しかし、議論の本質をとらえるためにあえて単純な例にしています。外部オプション 0 以下の選好については省略されていることに注意してください。

安定マッチングを見つけるには、このような選好を許容しても使えるように修正したDA アルゴリズムを使うのが良さそうです。DA アルゴリズムの修正案として考えられるのは、カップルが大学のペアに対して選好を持つ以上、夫と妻が2つの大学に同時に応募できるようにすることでしょう。実際に（ここでは厳密な定義は与えませんが）そのような修正DA アルゴリズムを使って安定マッチングを求めてみましょう。

- **ステップ1**：(a) 独身学生 s が第1志望の大学 c_1 に、カップル (m, w) が第1志望の大学のペア (c_1, c_2) にそれぞれ出願します。

  (b) 大学 c_1 は、夫 m を独身学生 s よりも好むので、m をキープし、s を不合格とします。大学 c_2 は妻 w をキープします。現時点では以下のような仮マッチングが行われています。

$$
\begin{array}{ccc}
s & - & \\
m & - & c_1 \\
w & - & c_2
\end{array}
\qquad (2.3)
$$

- **ステップ2**：(a) 不合格とされた独身学生 s は第2志望の大学 c_2 に出願します。(b) 大学 c_2 は、独身学生 s を妻 w よりも好むので、s をキープし、w を不合格とします。

$$
\begin{array}{ccc}
s & - & c_2 \\
m & - & c_1 \\
w & - &
\end{array}
\qquad (2.4)
$$

- **ステップ3**：マッチング(2.4)を帰結にしてしまうと、夫 m は大学 c_1 に入学できるのに妻 w は近くの大学に通えません。夫 m は「妻が大学 c_2 に通えないなら自分も浪人したほうがマシ」なので、マッチング(2.4)は夫 m にブロックされてしまい、安定的ではありません。それゆ

え、私たちのアルゴリズムは夫 m が出願を撤回できるようにするべきでしょう。

$$
\begin{array}{lll}
s & - & c_2 \\
m & - & \\
w & - &
\end{array}
\tag{2.5}
$$

● **ステップ4**：しかし独身学生 s は大学 c_1 を c_2 より好み、また大学 c_1 は学生 s を受け入れ可能です。したがってマッチング (2.5) は、独身学生 s と大学 c_1 にブロックされてしまうため安定的ではありません。それゆえ、アルゴリズムは独身学生 s が大学 c_1 に出願できるようにするべきと思われます。その結果、大学 c_1 は s をキープします。

$$
\begin{array}{lll}
s & - & c_1 \\
m & - & \\
w & - &
\end{array}
\tag{2.6}
$$

● **ステップ5**：しかしマッチング (2.6) は、カップル (m, w) と大学 c_1, c_2 にブロックされてしまうため安定的ではありません。それゆえ、カップル (m, w) が大学のペア (c_1, c_2) に出願できるようにするべきでしょう。その結果、大学 c_1 は、夫 m を独身学生 s よりも好むので、m をキープし、s を不合格とします。大学 c_2 は妻 w をキープします。

$$
\begin{array}{lll}
s & - & \\
m & - & c_1 \\
w & - & c_2
\end{array}
\tag{2.7}
$$

しかし、(2.7) と (2.3) はまったく同じ状況です。カップルたちの希望を叶えるために修正したこのアルゴリズムは、$(2.3) \to (2.4) \to (2.5) \to (2.6) \to (2.3) \to \cdots$ とサイクルに陥ってしまい、安定マッチングを見つけることができないのです。

　実は、この選好のもとではそもそも安定マッチングは存在しません。個人合理性を満たすマッチングは4通りしかないのですが、いずれについても、ブロックできる参加者を簡単に見つけることができます[11]。耐戦略性につ

いての不可能性に加えて、また 1 つ、望ましいマッチングを行うことの不可能性が示されてしまったのです。

2.4.2 選好の制限

この問題に対する解決策の 1 つは、許容する選好の範囲を制限することです。Klaus and Klijn（2005）は、それぞれのカップルの選好について、安定的マッチングが存在するための十分条件を見つけました。またそれは、その条件がそれより弱いと安定的マッチングは存在しないという意味で、ほぼ必要条件でもあります[12]。Klaus and Klijn（2005）が感応性（responsiveness）と呼ぶその条件は、例えば大学のペア (c_1, c_2) と (c_1', c_2) とを比べたとき、夫個人だけから見た選好のもとで c_1' のほうが c_1 よりも好ましいなら、カップルにとっても大学のペア (c_1', c_2) のほうが (c_1, c_2) よりも好ましいことを要求します[13]。さらに、同様の条件を妻のマッチ先の変更についても要求します。

しかし、カップルに関する感応性の条件は非常に厳しいものであり、多くの場合満たされないと思われます。この点を説明するために、ある夫婦が 2 つの会社で働く場合を想像してみます。夫婦が東京の会社 (c_1, c_2) で働いているとしましょう。夫 m は職場を c_1' に変えることで給料を上げることができるので、個人的には $c_1' >_m c_1$ が成り立っているとします。ただし、c_1' はニューヨークにある会社です。そのような状況であっても、感応性という条件は、カップルにとっても会社のペア (c_1', c_2) のほうが (c_1, c_2) よりも必ず好ましいことを要求するのです。これは要するに、夫婦はことマッチ先に関しては別々の個人として独立した選好を持っているということとほぼ同義であり、現実のマーケットのカップルの多くが抱えていると思われる事情を許容

---

11) ここでの個人合理的なマッチングは (2.3), (2.5), (2.6) と「誰もどこにもマッチしない」の 4 通りのみです。

12) 実は彼らが示した条件と必要十分条件の間には少しギャップがあることが後にわかり、Klaus, Klijn, and Nakamura（2009）によって修正されていますが、詳細は省略します。

13) すでに大学の選好について感応性という用語を導入していました。ここでも Klaus and Klijn（2005）に従い同じ用語を充てていますが、カップルが大学のペアについて持つ選好に関するものであり厳密には少し異なる条件であることに注意してください。

しないと言っているようなものです。

　したがって、すべてのカップルの選好が感応性を満たしているという条件は、現実の市場では成立しないことが予想されます。実際、私がアクセスできたアメリカの臨床心理学者たちのデータを見てみると、感応的な選好をマッチング制度に提出しているカップルは、全167組中たったの1組でした。現実にはほとんどのカップルが感応的選好を持たない以上、安定マッチングの存在を保障できません。しかし、カップルの問題についても、耐戦略性のときと似たことが言えます。マーケットデザイナーにとって重要なことは、キズひとつない完璧なアルゴリズムを作ることではなく、「現実で十分に使えるアルゴリズムはどのようなものか」「現実の制度において、カップルの問題がどの程度マッチングに影響を与えているのか」を分析することです。次章で、この問題をさらに考えていきましょう。

2.5　おわりに

　私たちはこれまで、マッチング理論のさまざまな結果を確認してきました。まず、一対一マッチングにおいて安定性という望ましい性質を持つ帰結が必ず存在することと、DA アルゴリズムによってそれを簡単に見つけられることを示しました。また、最適安定マッチングの存在や僻地病院定理は、どのように制度を設計すればよいかを考えるうえで、重要な示唆を与えてくれそうだとわかりました。さらに、これらの結果のほとんどは多対一マッチングにおいても、引き継がれることを確認してきました。

　しかし、私たちは2つの不可能性にも直面しました。安定的かつ耐戦略的なメカニズムは設計できないこと、そしてカップルがマッチングに参加している場合には、そもそも安定的なマッチングの存在すら保証できないことを示しました。しかし、例えばアメリカの研修医マッチングアルゴリズムは、DA アルゴリズムを使うことで、いくつか修正の必要性はあったものの、長い期間、そして数万人規模の参加者たちをうまくマッチングさせているように思われます。これまで見てきた結果はいわば「古典的な」マッチング理論における成果ですが、古典的な理論だけでは、「なぜ DA アルゴリズムが現実で成功を収めているのか」を説明することは困難です。したがって、な

ぜ、DA アルゴリズムが現実でもうまく働くのか、そしてどのように改善すればより望ましいマッチングを行うことができるのかを考えるための新たな理論を構築する必要がありそうです。次章では、アメリカの研修医マッチングプログラム（NRMP）を例に、新しいマッチング理論の成果を紹介します。

2.6　補論：DA アルゴリズムが片側耐戦略性を満たすことの証明

　この節では、一対一マッチングにおいて、DA アルゴリズムが片側耐戦略性を満たすことを厳密に証明します。また、これまでは言葉のみで説明してきた用語のフォーマルな定義を述べます。やや難度が高いので、「正確な定義や証明を知りたい」という方以外は、読み飛ばしても問題ありません。

　1 人の参加者が潜在的に持ちうる選好の集合、つまり強選好の集合を $\mathcal{P}$ とします。参加者全員の選好を集めたベクトル

$$> = (>_{s_1}, >_{s_2}, \cdots, >_{c_1}, >_{c_2}, \cdots)$$

を選好プロファイルと呼び、すべての選好プロファイルの集合を $\mathcal{P}_{S \cup C}$ とします。すべての可能なマッチングの集合を $\mathcal{M}$ とします。**メカニズム**（mechanism）とは 1 つの選好プロファイルに対して 1 つのマッチングを決める関数 $M : \mathcal{P}_{S \cup C} \to \mathcal{M}$ です。マッチング $M(>)$ における参加者 i のマッチ相手を $M_i(>)$ と書くことにします。

　メカニズム M が**耐戦略的**（strategy-proof）であるとは、すべての参加者 $i \in S \cup C$ について、どんな選好プロファイル $>$ のもとでも、参加者 i によるどんな嘘の申告 $>'_i$ に対しても、

$$M_i(>'_i, >_{-i}) >_i M_i(>_i, >_{-i})$$

が成り立たないことをいいます[14]。つまり、耐戦略性とは「誰も、どんな嘘をついても、得をすることがない」という要求です。この章で確認したよ

14）$>$ という選好プロファイルにおいて、i だけが選好を $>'_i$ に変えた選好プロファイルを $(>'_i, >_{-i})$ と書きます。

うに、耐戦略性と安定性をともに満たすメカニズムは存在しません。

　「嘘をついても得をしない」という要求を学生に限定した耐戦略性を考えてみましょう。メカニズム M が**学生側耐戦略的**（**strategy-proof for students**）であるとは、すべての学生 $i \in S$ について、どんな選好プロファイル $>$ のもとでも、学生 i によるどんな嘘の申告 $>'_i$ に対しても、

$$M_i(>'_i, \, >_{-i}) >_i M_i(>_i, \, >_{-i})$$

が成り立たないことをいいます。DA アルゴリズムは、片側だけの耐戦略性なら満たすことができます。

> **定理6.** 学生応募制 DA アルゴリズムは、学生側耐戦略性を満たす。

証明[15]　背理法で示します。メカニズム M を学生応募制 DA アルゴリズムとします。ある学生 $i \in S$ と、ある選好プロファイル $> \in \mathcal{P}_{S \cup C}$ と学生 i による嘘の選好 $>'_i \in \mathcal{P}$ が存在して

$$M_i(>'_i, \, >_{-i}) >_i M_i(>) \tag{2.8}$$

となると仮定し、矛盾を導きます。

　一般性を失うことなく、i の正直な選好を

$$>_i \, : \, c_1, ..., c_k, c_{k+1}, ..., \emptyset$$

とし、嘘をついたときの i のマッチ相手を

$$M_i(>'_i, \, >_{-i}) = c_k$$

とします（$1 \le k \le m$）。ただし、$k = m$ のとき $c_{k+1} = \emptyset$ とする。i が嘘によって得をしたということは、i が正直申告したときのマッチ相手は c_k より好ましくない大学か、または誰ともマッチしないことになります。つまり、

---

15) この定理の証明は、当初はもう少し複雑でしたが、東京大学の神取道宏氏により Hatfield and Milgrom（2005）に基づいたシンプルな証明方法を提案していただきました。以下の証明は、同氏に提案していただいた証明を、本書の体裁に合うように書き直したものです。神取道宏氏にはこの場を借りて感謝を申し上げます。

以下が成り立つはずです。

$$M_i(>) は c_{k+1}, ..., \emptyset \text{ のいずれかである。} \tag{2.9}$$

また、学生最適安定マッチングの定理（定理2）より、i は $M_i(>)$ におい
て、$(>)$ におけるすべての安定マッチングのなかで最も好ましい相手とマッ
チしていることを覚えておいてください。

ここで、c_k のみを受け入れ可能とする別の選好

$$>''_i : c_k, \emptyset$$

を考えます。

ステップ1. $M(>'_i, >_{-i})$ は、$(>''_i, >_{-i})$ のもとでも安定的である。

まず、$M(>'_i, >_{-i})$ は DA アルゴリズムの帰結なので $(>'_i, >_{-i})$ のもと
では安定的です。選好プロファイルが $(>''_i, >_{-i})$ となっても、i 以外の選
好は変わっていないので、i 以外の誰も $M(>'_i, >_{-i})$ をブロックできませ
ん。また、$M_i(>'_i, >_{-i}) = c_k$ ということは、i は $>''_i$ においてベストな相
手とマッチしているので、i 個人も、i を含むどんなペアもブロックできま
せん。

よって $M(>'_i, >_{-i})$ は、$(>''_i, >_{-i})$ のもとでも安定的であることがわ
かりました。

ステップ2. $\mu^0(i) = \emptyset$ であるような任意のマッチング μ^0 は、$(>''_i, >_{-i})$
のもとで安定的ではない。

僻地病院定理（定理4）より、i が誰かとマッチしているような、$(>''_i,
>_{-i})$ のもとでの安定マッチングがひとつでもあれば、すべての $(>''_i,
>_{-i})$ のもとでの安定マッチングで i は誰かとマッチできるはずです。した
がって、$M_i(>''_i, >_{-i}) = c_k$ とステップ1より、$\mu^0(i) = \emptyset$ であるような任
意のマッチング μ^0 は $(>''_i, >_{-i})$ のもとで安定的ではないことがいえます。
安定的ではないということは、次の2通りの方法のいずれか（もしくは両
方）でブロックされるということです。

● ケース1：μ^0 は、$(i. c_k)$ によってブロックされる。

- ●ケース2：μ^0 は、ある学生 $j \neq i$ によって、または、ある学生 $j \neq i$ とある大学 c のペア (j, c) によってブロックされる。

ここで、また別の選好

$$>''_i : c_1, ..., c_k, \emptyset$$

を考えます。

ステップ3. $\mu^0(i) = \emptyset$ であるような任意のマッチング μ^0 は、$(>''_i, >_{-i})$ のもとで安定的ではない。

選好プロファイルが $(>''_i, >_{-i})$ となっても、i 以外の選好は同じです。よって、$(>''_i, >_{-i})$ のもとでステップ2のケース2の方法で μ^0 がブロックされるなら、$(>''_i, >_{-i})$ のもとでもブロックされるはずです。また、ステップ2のケース1の方法でブロックされるなら、c_k は i より好ましくない相手とマッチしているか、誰ともマッチしていないということなので、$(>''_i, >_{-i})$ のもとでも μ^0 は (i, c_k) にブロックされるはずです。

よって、$\mu^0(i) = \emptyset$ であるような任意のマッチング μ^0 は、$(>''_i, >_{-i})$ のもとで安定的ではないことがいえました。

ステップ4. $(>''_i, >_{-i})$ のもとで DA アルゴリズムを行うと、i は $c_1, ..., c_k$ のいずれかとマッチする。

$M(>''_i, >_{-i})$ は DA アルゴリズムの帰結なので、$(>''_i, >_{-i})$ のもとで安定マッチングです。よって、ステップ3より、i は誰かとマッチするはずです。i の選好 $>''_i$ は

$$>''_i : c_1, ..., c_k, \emptyset$$

なので、$M_i(>''_i, >_{-i})$ は $c_1, ..., c_k$ のいずれかとなるはずです。

ステップ5. $M(>''_i, >_{-i})$ が $(>_i, >_{-i})$ のもとでも安定的であることから、矛盾を導く。

マッチング $M(>''_i, >_{-i})$ は i が正直なときの選好プロファイル $(>_i, >_{-i})$ のもとで誰もブロックできないことを確認します。まず、i 以外の選好は変わっていないので i 以外の誰もブロックできません。また i の真

の選好 $>_i$ は、$>_i''$ の第1志望の c_1 から第 k 志望の c_k までは共通かつ、既にマッチしている $M_i(>_i'', >_{-i})$ より下に大学を加えただけなので、i 個人も、i を含むどんなペアもブロックできません。よって、$M(>_i'', >_{-i})$ は $(>_i, >_{-i})$ のもとでも安定的であることがいえました。

ところが、ステップ4より、$M_i(>_i'', >_{-i})$ は $c_1, ..., c_k$ のいずれかであり、$M_i(>_i, >_{-i})$ は (2.9) より、$c_{k+1}, ..., \emptyset$ のいずれかなので

$$M_i(>_i'', >_{-i}) >_i M_i(>_i, >_{-i})$$

が成り立ちます。これは $M(>_i, >_{-i})$ が $(>_i, >_{-i})$ のもとで学生最適安定マッチングであることに矛盾します。

よって、最初の背理法の仮定 (2.8) が間違っていたことになります。これで、学生側 DA アルゴリズムが学生側耐戦略性を満たすことを示すことができました。

証明終わり

参考文献

［1］Hatfield, John W. and Paul R. Milgrom（2005）"Matching with Contracts," *American Economic Review*, 95(4), pp.913-935.

［2］Klaus, Bettina and Flip Klijn（2005）"Stable Matchings and Preferences of Couples," *Journal of Economic Theory*, 121(1), pp.75-106.

［3］Klaus, Bettina, Flip Klijn, and Toshifumi Nakamura（2009）"Corrigendum: Stable Matchings and Preferences of Couples," *Journal of Economic Theory*, 144(5), pp.2227-2233.

［4］Roth, Alvin E.（1985）"The College Admissions Problem is Not Equivalent to the Marriage Problem," *Journal of Economic Theory*, 36(2), pp.277-288.

［5］Roth, Alvin E. and Marilda A. Oliveira Sotomayor（1990）*Two-Sided Matching: A Study in Game-Theoretic Modeling and Analysis*, Cambridge University Press.

［6］Sönmez, Tayfun（1997）"Manipulation via Capacities in Two-Sided Matching Markets," *Journal of Economic Theory*, 77(1), pp.197-204.

第 **3** 章

古典的マッチング理論の限界を
いかに克服するか

3.1　研修医マッチングの現場を見て考える

　第2章までは、マッチング理論の基本的な成果を紹介してきましたが、この章では、マッチング理論が現実のマッチング市場の設計にどのように活用されるのかを見ていきます。その過程で、これまで学んできた「古典的な」マッチング理論に何が欠けているのかを考え、それを補う新しいタイプの理論を展開していきます。

　古典的なマッチング理論の世界では、「安定性」という望ましい性質を満たすマッチングが必ず存在し、しかも DA アルゴリズムを使うことで簡単に見つけることができました。しかし、DA アルゴリズムには参加者たちの戦略的操作を必ずしも防げないという欠点もありました。参加者が意図的に虚偽の選好を申告することでマッチングを有利にできる場合があり、その結果、マッチングが安定的にならない恐れがあるのです。また、全米研修医マッチングプログラム NRMP（National Resident Matching Program; NRMP）などの現実のマッチング市場には、カップルがたくさん参加していますが、古典的な理論では、「お互いの研修先が近くないと嫌だ」といった、カップルたちが持つ特殊な選好は分析対象から排除されています。実のところ、カップルが市場に参加していると、安定マッチングが存在しない場合があることが簡単に示されてしまうのです。

　これらの理論的な問題点は、現実のマッチング市場の設計問題にどの程度影響を与えるのでしょうか。現実の NRMP では、毎年、DA アルゴリズムによって数万人規模の研修医と数千の病院の研修プログラムがマッチングされていますが、その現場では何が起きているのでしょうか。参加者たちの戦略的な虚偽申告によりマッチングの帰結はどの程度操作されているのでしょうか。カップルの存在によってどの程度安定性が失われているのでしょうか。古典的な理論では、これらの問いにうまく答えることができません。古典的な理論が述べているのは、「戦略的操作が可能な状況があること」や「カップルがいると安定マッチングが存在しない場合があること」であって、それらが「どの程度重大な影響を持つのか」という点については何も述べていないのです。

　このような問題に対する 1 つのシンプルかつ強力なアプローチは、NRMP などのデータを実際に見ることです。そして、現実のデータを分析することは、私たちがどのような理論を発展させればよいかを教えてくれます。

3.1.1　研修医マッチングの黎明期

　私たちが注目するのは1990年代の NRMP のデータですが、まずはアメリカにおける研修医マッチングの歴史を簡単に紹介します。

　アメリカの研修医制度は、医学生がプロの医師として働く前に見習いの医師として実地訓練を行う制度として、1900年頃に開始されました。当時、研修医と病院とをマッチさせる市場は分権的（decentralized）なものでした。つまり、現在の NRMP のように、マッチング主催者が研修医と病院の選好を集めて、すべての参加者を同時にマッチングさせる集権的（centralized）な方法をとらずに、日本における新卒学生の就職活動のように、個々の研修医と病院が各々勝手なタイミングで面接をしたり内定を出したりしていました。

　このような市場で生じがちな 1 つの問題は、就職活動の早期化です。医学生にとって、どの病院で研修を受けるかは将来のキャリアを左右する問題であり、病院にとっても、自分たちの研修プログラムにふさわしい研修医を雇えるかどうかは重要な問題です。このような背景のもとで、研修医制度が発足してしばらくは、病院による優秀な医学生の「青田買い」が横行しました。病院はなるべく優秀な学生を雇うために、他の病院に先んじて契約を結ぼうとしますが、すべての病院がそのようなインセンティブを持つため、どんどん内定時期が早まっていったのです。一時期は学生が研修医として働き始める 2 年も前に内定の確約が結ばれたりもしていたようです。このように、相手を出し抜こうとするプロセスだけでも参加者にとって負担になります。さらにこのようなマーケットでは、結果自体も非効率的になりやすいと考えられます。というのも、病院が用意する研修プログラムのなかには高い専門性を要求するものもあるため、採用時期を早めたことで、学生とプログラムとの相性を見誤ってしまうと、結果としてお互いに不本意なマッチングになってしまう可能性があるからです。医学部で実技科目が始まる前に青田

買いで採用を決めた時には優秀な外科医になると思われた学生が、実は血を見ると失神してしまう体質の持ち主だった、というような極端なケースもありうるわけです。

このような市場は医学生にとっても病院にとっても負担が大きかったため、1950年代に改革が実行されます。すべての医学生と病院を同時に、アルゴリズムを使ってマッチングさせるプログラムである NRMP が発足したのです。使用されるアルゴリズムの草案として、受け入れ即決アルゴリズム（immediate acceptance algorithm）に似たものが考えられていたようですが、学生からの反発を受け、さまざまな検討を経て、DA アルゴリズムと本質的に同じ方法（ただし病院応募制の DA アルゴリズム）が採用されることになりました。ゲイルとシャプリーによるマッチング理論の創始が1960年代のことなので、プログラムの設計者は DA アルゴリズムが安定的な帰結をもたらすとは予期していなかったと考えられ、ある意味で偶然の産物だったと言えるかもしれません。しかし、この偶然の産物は、マッチング結果が安定的であるという良い性質を持っており、非常に長い期間採用され続けました。

3.1.2　医学生たちの不満と1990年代の改革

NRMP は1990年代に危機を迎えます。学生団体や、有名な社会運動家ラルフ・ネーダーが主導する政治団体などを中心に、NRMP の不当性を訴え、マッチング・アルゴリズムの再設計を要求する声があがったのです。学生たちの第一の指摘は、「NRMP は研修医たちの利益を犠牲にし、病院側に不当に有利なマッチングを行っている」というものでした。当時の NRMP は病院応募制の DA アルゴリズムを採用していましたが、第2章で示した

> 病院応募制 DA アルゴリズムが与えるマッチングは病院にとって最も好ましい安定マッチングであり、研修医にとっては最も好ましくない安定マッチングである（第2章で示した定理2と定理3を合わせて今回の例に即すよう書き直したもの）。

により、この指摘は正当化されそうです。

　第二の指摘は「NRMP のマッチング制度は研修医側にとって複雑な制度であり、正直に自分の希望順位を申告した研修医が損をする可能性がある」というものです。これは耐戦略性に関する指摘であり、これもまたある意味でもっともだと言えるかもしれません。さらに問題なのは、第 2 章で述べたように、病院応募制の DA アルゴリズムは、研修医側の耐戦略性を満たさないばかりか、病院側の耐戦略性すら満たさない点です。一対一のケースでは、応募する側の片側耐戦略性は満たされますが、多対一のケースでは、病院応募制の DA アルゴリズムでも病院側の片側耐戦略性は満たされません。

　NRMP のアルゴリズムの欠点は他にもあります。従来の理論が排除している特殊な選好（match variations）をうまく扱えない点です。例えば、DA アルゴリズムはカップルたちの選好をうまく尊重することができません。カップルの研修医はそれぞれ完全に独立した存在として扱われてしまい、夫婦を遠く離れた地にある病院に配属してしまう可能性があります。また、病院側の複雑な選好も考慮することができません。例えば、研修プログラムの特性上、偶数人の研修医を採用したいという病院があっても、採用人数が偶数になるよう調整する仕組みは、DA アルゴリズムには備わっていません。

　特殊な選好を持つ参加者がいる場合、また別の種類の問題が引き起こされます。例えば、「（当時の）NRMP で選ばれるのは研修医にとって最も好ましくない安定マッチングなので、他の安定マッチングなら採用されていたはずの医学生が研修先を失っているのではないか」という学生たちの不満が表明されていたのですが、これは正しいのでしょうか。この不満は、第 2 章で示した定理 4 （僻地病院定理）を今回の例に即して書き直した

> ある安定マッチングで、組む相手のいない医学生や病院は、他のどんな安定マッチングでも組む相手がいない。つまり、どのような安定マッチングのもとでも、研修先を持つ医学生は同じである。

により、一見すると的外れだと言えそうに思えます。しかし、カップルが存在するケースでは、僻地病院定理が成立しない場合があります。現実のマッチング市場には多数のカップルが参加しているため、他の安定マッチングでは研修先があるのに病院応募制 DA アルゴリズムのもとでは、研修先を失

表3.1 NRMP 参加者のデータ

	1987 年	1993 年	1994 年	1995 年	1996 年
研修医の数	20071	20916	22353	22937	24749
カップルの数	694	854	892	998	1008
病院の数	3170	3622	3662	3745	3758
研修プログラムの定員の合計	19973	22737	22801	22806	22578

っている医学生がいるかもしれません。

3.1.3 データを見る

NRMP の運営者は、学生たちの不満の声を受けて、マッチング・アルゴリズムの再設計（re-design）に着手しましたが、問題は簡単ではありませんでした。古典的な理論はエレガントで、扱いやすく、制度設計の指針を与えてくれます。しかし、以下の問いには答えてくれません。これらは上述のとおり、現実の制度を実際に設計する際にきわめて重要な問題です。

- 参加者による戦略的操作がマッチングにどの程度の影響を与えるのか。
- 研修医最適安定マッチングと病院最適安定マッチングの差はどれくらいあるのか。制度の選択に関してどの程度の利害対立があるのか。
- 古典的な理論で置かれていた単純化の仮定が現実の市場では成り立っていない（カップルの存在など）が、それがマッチングにどのような影響を与えるのか。

Roth and Peranson（1999）は、この古典的な理論の限界に気づき、それを補うアプローチとして、現実の NRMP のデータを分析し、設計に役立てようと考えました。著者であるアルヴィン・ロスとエリオット・ペランソンは実際に NRMP の再設計を行った当事者なので、NRMP に提出された研修医や病院の選好リストをそのまますべて手に入れることができました。彼らが調べた1987年と90年代の NRMP のデータを見てみましょう。表3.1によれば、NRMP には毎年 2 万人ほどの研修医と3000ほどの病院が参加しています。カップルは 2 万人の研修医のうち700人から1000人ほどです。

表3.2は、NRMP に実際に提出された選好データをもとに、研修医応募制

表3.2　研修医応募制 DA と病院応募制 DA の結果の比較

	1987 年	1993 年	1994 年	1995 年	1996 年
研修医					
研修医応募制を好む	12	16	11	14	12
病院応募制を好む	8	0	9	0	9
研修医応募制にすると研修先を得る	0	0	0	0	1
研修医応募制にすると研修先を失う	1	0	0	0	0
病院					
研修医応募制を好む	8	0	12	1	10
病院応募制を好む	12	15	11	14	9
研修医応募制にすると受け入れ人数が増える	0	0	2	1	1
研修医応募制にすると受け入れ人数が減る	1	0	2	0	0

DA アルゴリズムと病院応募制 DA アルゴリズムの結果を計算し、比較したもので、興味深い結果を示しています[1]。

　まず注目すべきは研修医側の第 1 行目です。驚くべきことに、研修医応募制を病院応募制よりも好む研修医の数は、約 2 万人のうちの20人未満、割合で言えば0.1％未満しかいないことが判明しました。最も好ましいマッチングと最も好ましくないマッチングの間にほとんど差がなく、ほとんどの研修医にとって両者は一致しているのです。この点だけを見れば、「研修医応募制と病院応募制のどちらを使うか」という問題は、2 万人のうちの20人程度にしか影響しないことになります。また、奇妙に思えるのは第 2 行目の結果です。古典的な理論によれば、第 2 行目に並ぶ数字はすべて 0 になっているはずですが、数人の研修医が、病院応募制でのマッチ先を研修医応募制のものよりも厳密に好んでいる年があります。これは、カップルの存在など、古典的な理論では捨象されていた現実の複雑性によって引き起こされたものです。また、第 3 、第 4 行目の数字も、僻地病院定理より、0 となるはずですが、理論的予測と現実の結果には少しズレがあるようです。病院側に関しても、似たような現象が起きています。

---

1 ）実際には特殊な選好（match variations）があるため DA アルゴリズムを少し修正したアルゴリズムを用いています。

表3.3 戦略的操作が可能だった参加者の人数

	1987 年	1993 年	1994 年	1995 年	1996 年
研修医の数	20071	20916	22353	22937	24749
病院応募制で戦略的操作可能	12	22	13	16	11
研修医応募制で戦略的操作可能	0	0	2	2	9

　現実の世界では、必ずしも最適安定マッチングに関する定理や、僻地病院定理は成り立たないということが見て取れます。もちろんこれは理論自体が間違っていたというわけではなく、カップルの存在やその他の複雑性のため、NRMP においては理論の前提となる仮定が満たされていなかったということです。いずれにせよ、ここで強調しておきたいのは、理論的予測から外れている数字は、どれも 0 に近い、小さな数字だということです。**単純な仮定に基づいた理論の結論は厳密に正しいわけではないが、近似的には正しいのではないかと予測できます。**

　次に、過去の NRMP で何人の医学生が戦略的操作が可能であったかを見てみましょう。Roth and Peranson（1999）は、提出されたデータが真の選好であったと仮定して、その選好リストのもとで戦略的操作によって得をする可能性のある医学生の人数を調べました。その結果、戦略的操作が可能だった医学生の人数は、とても少ないことを発見しました。比較のために、マッチングに参加した医学生の数も併記しています（表3.3）。

　病院応募制 DA アルゴリズムは耐戦略性を満たさないため、何人かの医学生は嘘をつくことで得をすることができます。しかし、興味深いことに、その人数は研修医全体と比べて非常に小さかったのです。「戦略的操作によってマッチングが不安定になってしまうのではないか」という懸念も、現実ではさほど大きな問題ではないことが示唆されます。次に、第 3 行目の数字に注目します。研修医応募制 DA アルゴリズムは研修医となる医学生にとって耐戦略的なので、第 3 行目に並ぶ数字はどれも 0 になっているはずです。ところが、必ずしも 0 ではない年があることがわかります。この理論予測とのズレも、理論予測の前提となる仮定がカップルなどの存在によって NRMP では満たされないことにより引き起こされたものです。しかし、繰

り返しになりますが、どれも 0 に近い数字です。

　現実世界では古典的な理論が仮定している単純化の仮定が必ずしも成り立っていないので、理論をそのまま現実の制度設計に適用できるわけではありません。しかし、多くの理論的結果は近似的には成り立っており、設計問題を考えるうえでよいガイドになっていると考えられます。また、理論によって懸念されていた戦略的操作の問題やカップルの問題は、現実ではさほど重大な影響を与えていないとも考えられます。

3.2　シミュレーションによる分析

　前節では NRMP のデータを使った推測を行いましたが、このようなアプローチは少なくとも 3 つの観点から批判できます。

批判 1　理論の結論が近似的に正しいのは、NRMP という特殊な市場に固有の特徴かもしれない。他の労働市場や学校選択などのマッチング市場でも、同じことが言えるとは限らない。

批判 2　NRMP に提出された選好リストがあたかも「真の」選好リストであると仮定して、その選好リストのもとでの戦略的操作の可能性を推計しているが、提出されたものはすでに多くの参加者が戦略的操作を行ったあとの選好リストかもしれない。例えば、すでに十分に戦略的操作が行われているから、これ以上嘘をついて得をすることができる参加者が少ないのは当たり前ということかもしれない。

批判 3　理論の結果が近似的に正しいことや、戦略的操作ができる参加者が確かに少ないとしても、**なぜそうなるのか**について、データ分析だけでは何も言えない。

ロスとペランソン自身も、これらの問題点に気づいていました。彼らは、特に批判 1 と批判 2 に答えるために、シミュレーション分析を行いました。コンピュータを使ってマッチング参加者たちの選好をランダムに生成し、仮想的なマッチング市場を作り上げたのです。

　シミュレーションによる分析の利点は主に2つあります。1つ目は、コンピュータによって生成された選好は、そのまま「真の選好」として扱えるため、すでに戦略的操作がされているかもしれない、という批判を無視できる点です。2つ目は、さまざまなパラメータを自由に変化させてシミュレーション結果がどうなるかを調べられる点です。例えば、NRMPへの参加者数は毎年ほぼ同じですが、シミュレーションであれば、人数を自由に設定できます。100人だったらどうなるか、10万人だったらどうなるか、といった分析を行えるのです。また、このような分析は、どんなパラメータが重要な役割をはたしているかを見極めるのにも役立ちます。どのように理論を発展させればよいかについて、素晴らしいヒントを与えてくれるのです。

3.2.1　モデル

　Roth and Peranson（1999）が行ったシミュレーションは非常にシンプルなものでした。彼らは当時、NRMPの設計担当者で、時間的な制約があったため、シンプルな分析に徹したのだそうです。彼らは、n人の研修医とn件の研修プログラム（病院）との一対一マッチングを考えました。このnは、市場規模を表すパラメータとでも言えるでしょう。参加者たちの選好は、一様分布から独立に生成されるとします[2]。また、重要な仮定として、各研修医は、n件の研修プログラムすべてに応募するわけではないとします。より具体的には、n以下の整数をkとして、各研修医は希望順位の上から高々k番目までのプログラムにしか応募しないということです。選好リストのk番目以下は外部オプション以下、つまり受け入れ不可能であるとします。これは現在私たちが検討しているNRMPのような応用先においては現実的な仮定と言えます。というのも、NRMPでは3000件以上の研修プログラムがマッチング対象になりますが、研修医が1位から3000位まで志望順位をつけることはありません。それどころか、実際のNRMPでは、ほとんどの研修医が10件以下、多くても15件くらいのプログラムにしか応募していません。研修医たちの選好リストの長さの最大値を表す数字kは、NRMPでも15程度だということです。こういった傾向は日本など各国の研

2）つまり、どのような選好も等確率で生成されるとします。

修医マッチングや学校選択などにおいても同様で、応募者は全体のごく一部のみに志望順位を提出しています。このような傾向を捉えるために、たとえ n が大きくなっていっても、k は動かずに一定であると仮定します。

3.2.2　シミュレーション結果

Roth and Peranson（1999）は市場規模を表すパラメータ n と選好リストの長さを表すパラメータ k をいろいろな値に設定し、コンピュータを使って参加者たちの選好を繰り返し生成して、研修医応募制 DA アルゴリズムと病院応募制 DA アルゴリズムの結果を比較しました。

彼らが注目したのは「研修医応募制と病院応募制のアルゴリズムとで、異なる結果を得た研修医の数」です。この興味深い数を $C(n)$ で表します。選好リストの長さを表す数 k を固定し、市場規模を表す n を動かして、$C(n)$ がどう変化するかを調べたのです。

$C(n)$ の値は1990年代の NRMP のデータではどの年でも20未満だったものです（表3.2の第１行目の値を参照してください）。$C(n)$ の値が小さいということは、研修医応募制 DA アルゴリズムと病院応募制 DA アルゴリズムの結果はほとんど同じだということです。逆に、$C(n)$ の値が大きければ、２つのアルゴリズムのどちらを選択するかという問題は多くの研修医に影響を与えます。

また、$C(n)$ の大きさは、戦略的操作が可能な度合いも表しています。というのは、古典的理論でよく知られた結果として、一対一マッチング問題においては、安定的なメカニズムを戦略的に操作して得られる最高のマッチ相手は、自分側にとっての最適安定マッチングでの相手と一致するという定理が存在するからです[3]。よって、$C(n)$ が小さければ、戦略的な虚偽申告をしても、ほとんどの研修医が状況を自分に都合よく変えることができませんが、$C(n)$ が大きければ、戦略的操作ができる研修医の人数も多くなる危険性があると判断できるわけです。

Roth and Peranson（1999）は市場規模 n と $C(n)$ との間にはっきりとし

3）Demange, Gale and Sotomayor（1987）による。Roth and Sotomayor（1990）の chapter 4を参照してください。

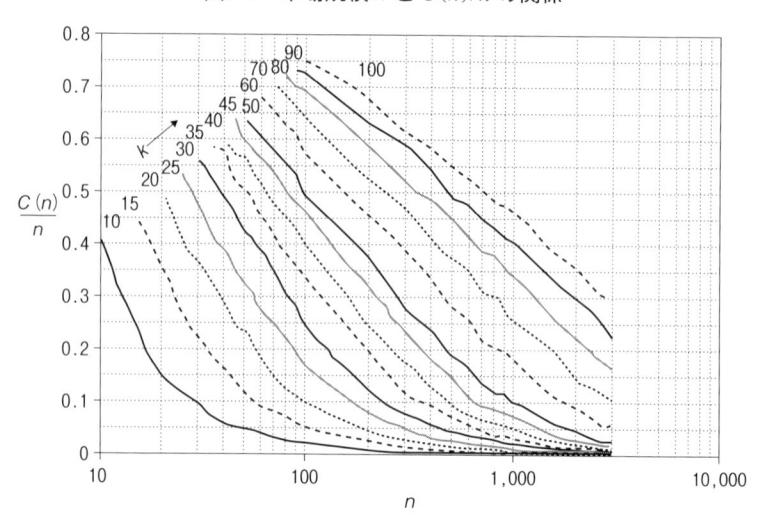

図3.1　市場規模 n と $C(n)/n$ の関係

た関係があることをシミュレーションによって示しました（図3.1）。このグラフの横軸は市場規模 n を、縦軸は $C(n)$ と市場規模 n の比 $C(n)/n$ を表しています。なお、グラフの横軸は対数表示です。

　私たちが特に関心があるのは、$C(n)$ の絶対的な大きさではなく、市場規模 n との比 $C(n)/n$ です。例えば $k = 15$ のときの曲線を見ると、n が小さいときには45％ほどの研修医が、2つの DA アルゴリズムで異なるマッチング結果を得ています。しかし、この値は市場規模 n が大きくなるにつれ急速に小さくなっていきます。$n = 100$ のときでほぼ5％、$n = 1000$ のときには0と見分けがつかないくらい小さな値をとります。n が大きくなるにつれて $C(n)/n$ が減少するという関係があることは明らかでしょう。つまり、大規模な市場では、2つの DA アルゴリズムの結果にほとんど違いがなくなり、戦略的操作もほとんどできなくなるのです。これは、多くの参加者がいる NRMP のデータを分析して得られた予測を支持する結果と言えます。

　このシミュレーション分析は、いくつかの単純化がなされているため、データ分析に対するすべての批判に答えているわけではありませんが、多数の後続研究が、より一般的な条件のもとで、同じようなシミュレーション結果

が生じることを示しています。

3.3　大市場のマーケットデザイン理論

　シミュレーションによる分析結果は、実際の NRMP のデータと見事に符合しました。しかし、それでも、「なぜ、そうなるのか」についてはこのシミュレーションだけではわかりません。先ほど第3.2節で行った批判3にまったく答えていないのです。現実の市場では、古典的な理論が仮定しているさまざまな単純化が成り立っていないにもかかわらず、なぜ理論的な予測はだいたい正しいのか。また、なぜ戦略的操作はそれほど問題にならないのか。この節では、これらの問いに答えるための理論を説明します。

3.3.1　市場規模と戦略的操作の問題

　Roth and Peranson（1999）は、NRMP のデータとシミュレーションの結果から、「大規模な市場では、DA アルゴリズムは戦略的操作に強い」のではないかと推測しました。この推測が正しいことを理論的に証明し、なぜそうなるのかを解明したのが Kojima and Pathak（2009）です[4]。

　まず、研修医応募制 DA アルゴリズムのもとで、病院側が戦略的操作によって得をする仕組みを考えてみましょう。例としてハーバード大学の病院を H、スタンフォード大学の病院を S、2 人の研修医を i と j で表します。それぞれの選好は以下の通りです。

$$>_i : S, H,$$
$$>_j : H, S,$$
$$>_H : i, j,$$
$$>_S : j, i.$$

もし全員が正直に自分の選好を申告すると、研修医応募制 DA アルゴリズムの帰結は

4）より一般性の低い設定のもとでの先行研究に Immorlica and Mahdian（2005）があります。

$$i \ \heartsuit \ S$$
$$j \ \heartsuit \ H$$

となります。アルゴリズムの最初のステップで各研修医は第1希望の病院に応募しますが、誰も拒否（reject）されないため、そこでアルゴリズムは終了するからです。ここでもしスタンフォード大学 S が嘘をついて、「i は受け入れ不可能だ」と申告すると、何が起こるでしょうか。申告された選好リストは

$$>_i: S, H,$$
$$>_j: H, S,$$
$$>_H: i, j,$$
$$>_S: j$$

になります。ここで研修医応募制 DA アルゴリズムのもとで何が起こるかを順番に見ていきましょう。

(a) まず、i は S に、j は H に応募するが、S は i を拒否する。

(b) i は S から拒否されたため、仕方なく H に応募する。

(c) H は、仮受け入れしている j と、新たに応募してきた i を比べて、i の方を仮に受け入れ、j を拒否する。

(d) j は H から拒否されたため、仕方なく S に応募する。S は j を受け入れ、アルゴリズムが終了する。

結果的に、S は i よりも好ましい j を採用することができました。一連の流れを整理すると、

$$S が i を拒否 \rightarrow i が H に応募$$
$$\rightarrow H が j を拒否$$
$$\rightarrow j が S に応募$$

となっています。つまり、S が最初に行った拒否の影響が、まるで連鎖反応のように広がり、他の病院と研修医を経由して、自分のところに戻ってきて

いるのです。このような連鎖反応のことを**拒否の連鎖**（rejection chain）と呼びます。また、「病院 S が拒否したことで始まった拒否の連鎖の影響により、その後のステップでいずれかの学生が S に応募する」ことを、**拒否の連鎖が S に戻ってくる**と言うことにします。実は、病院 S が戦略的操作によって得をすることができるのは、拒否の連鎖が S に戻ってくる場合だけなのです。Kojima and Pathak（2009）は多対一マッチングのモデルで、次の補題を示しました。

> **補題1.** 研修医応募制 DA アルゴリズムのもとで、もし病院 S に戻ってくる拒否の連鎖が存在しないならば、その病院 S はいかなる戦略的操作によっても得をすることができない。

「いかなる戦略的操作」というのは、選好の虚偽申告だけでなく、定員数の虚偽申告なども含みます。では、どのようなときに、拒否の連鎖は戻ってくるのでしょうか。それは、多くの病院の定員に空きがなく、新たな応募が発生した際に、いずれかの研修医を拒否せざるをえない状況が、何度も続いてしまうときです。逆に言えば、多くの病院の定員に空きがあれば、拒否の連鎖は研修医が空席がある病院に応募し受け入れられた瞬間にストップし、最初に拒否を行った病院に戻ってこない可能性が高くなります。つまり、病院の定員の豊富さ、**市場の厚み**が、戦略的操作の可能性を決める鍵なのです。

> **補題2.** 研修医応募制 DA アルゴリズムのもとでは、市場規模が大きくなるほど、どの病院についても、拒否の連鎖が自分に戻ってくる確率は限りなく0に近づく。

この補題は、市場規模（研修医の人数 n と研修プログラム数）が大きくなるにつれて、各病院が持つ市場への影響力が徐々に小さくなっていくことを意味しています。厳密には、Kojima and Pathak（2009）は、市場がある種の正則性（regularity）を満たしながら規模を拡大していくという仮定のもとで、この補題を示しています。正則性とは、各病院の定員数や、各医学生が申告する選好リストの長さは、市場規模 n が増加してもさほど増加せず、

それらの上限が市場規模とは無関係に定まっていることなどを要求する条件
です。NRMP などの現実のマッチング市場はこの条件をある程度満たして
いると考えることができます。参加者の数が増えようとも、病院の研修プロ
グラムの定員数は現実の物理的な制約によってある程度決まっていると考え
られますし、1 人の研修医が申告する選好リストの長さや面接を受けられる
病院の数には上限があると考えられるからです。これらの補題を合わせる
と、次の定理が導かれます。

> **定理 8.** 研修医応募制 DA アルゴリズムのもとでは、市場規模が大き
> くなるほど、戦略的操作によって得をすることができる病院の割合は
> 限りなく 0 に近づく。

Kojima and Pathak（2009）が示したこの定理は、現実の NRMP のデータや
Roth and Peranson（1999）によるシミュレーション分析の結果に、理論的
な説明を与えることに成功しています。従来のマッチング理論では扱ってい
なかった、市場規模や市場の厚みといった概念を導入し、参加者が十分に多
い市場では、戦略的操作で得をすることができる参加者がほとんどいない理
由を解明したのです。

3.3.2 市場規模とカップルの問題

すでに述べたように、1990年代に NRMP のマッチング・アルゴリズムへ
の不満と批判が高まり、制度の再設計が行われました。表面上の大きな変更
点は、病院応募制 DA アルゴリズムから研修医応募制 DA アルゴリズムに
切り替わったことです。ここで特に重要な変更点は、研修医のカップルたち
の選好をうまく取り扱えるようにしたことだと言えます。改革以前もカップ
ルが研修希望先を共同で申告する仕組みがあったのですが、その仕組みを改
良して、研修医応募制 DA のなかにカップルの希望を自然に組み込んだア
ルゴリズムを開発したのです。そのアルゴリズムはロス＝ペランソン・アル
ゴリズム（Roth-Peranson Algorithm）と呼ばれており、現在でも NRMP の
現場で採用されています[5]。

しかし、大きな問題が残っています。カップルが参加していると、そもそ

も安定的なマッチングが存在しない場合があるのです。当然、その状況では
ロス＝ペランソン・アルゴリズムも安定マッチングをうまく見つけることが
できません。第 2 章で紹介した例を振り返ってみましょう（ここでは学生と
大学ではなく、医師と病院で説明します）。

　独身の医師 d、結婚している医師のカップル (m, w)、そして病院 h_1, h_2 が
参加しているマッチング市場を考えます。病院 h_1, h_2 の定員は 1 で、参加者
たちは次の選好を持っているとします。

$$>_d : h_1, h_2,$$
$$>_{(m,w)} : (h_1, h_2),$$
$$>_{h_1} : m, d,$$
$$>_{h_2} : d, w.$$

病院 h_1 と h_2 は同じ都市にある病院で、カップルたちは 2 人とも同じ都市の
病院に勤めたいが、そうでなければ就職浪人したほうがマシだ、という選好
を持っています。また、話を単純化するために夫 m は h_1 に、妻 w は h_2 に
勤めたいが、その組み合わせでなければ就職浪人を選ぶとします。やや奇妙
な選好ですが、この単純化によって議論の本質は失われないことに注意して
ください（例えば、この例を多少複雑に改変し、カップル (m, w) の第 2 希
望は別の都市内にある 2 つの病院 (h_3, h_4) であるとしても、類似の例を作る
ことができます）。

　この選好のもとでは、安定マッチングが存在しません。どのようなマッチ
ングに対しても、それをブロックするグループを見つけることができるので
す。例えば、

5）筆者が知る限り、アルゴリズムの完全なコードは企業秘密のような扱いであり公開さ
　れていません。ただ大枠は Roth and Peranson（1999）に記述されており、筆者がロス
　やペランソンと議論したことなどから理解する限り、この論文に掲載されている記述は
　正しいと思われます。簡単に説明すると、研修医応募制 DA のように研修医側から応
　募をさせていきますが、カップルは研修先のペアに同時に応募させることでカップルの
　希望を叶えるようにしています。なお、第2.4.1項の例で説明したアルゴリズムはロス
　＝ペランソン・アルゴリズムに基づいています。

$$d \quad - \quad h_2$$
$$m \quad - \quad h_1$$
$$w \quad - \quad \emptyset$$

というマッチングでは、夫 m は病院に勤められますが、妻 w は病院に勤められません。この状況よりも、夫 m は就職浪人したほうがマシなので、$(m, \emptyset)$ によってブロックされてしまいます。カップルの存在は、いとも簡単に、安定マッチングの不可能性を導いてしまうのです。

しかし、奇妙なことに、NRMP には、700人から1000人ほどの研修医がカップルとして参加しているにもかかわらず、ロス＝ペランソン・アルゴリズムは大きな問題もなく使われているように見えるのです。また、カップルが存在すると僻地病院定理は成り立たないはずですが、Roth and Peranson (1999) のデータによれば、僻地病院定理の予測からのズレはほとんど 0 になっていました。これは NRMP の当事者にとってもマッチング理論家にとっても長年の疑問でした。Roth (2008) は、デイヴィッド・ゲイルの85歳の誕生日を祝した論文で、次のように述べています。

> 研修医マッチングで観察されたデータは、たとえカップルが参加していても、安定マッチングが存在しないケースは非常に稀であることを示している。なぜほとんどの場合に安定マッチングが存在するのか、これは未だ解明されていない謎である。

この謎を解いたのが Kojima, Pathak and Roth (2013) です。彼らは Kojima and Pathak (2009) とほぼ同様のモデルを使って、大規模な市場では、たとえカップルが参加していても、カップルを組んでいる研修医たちの割合が小さければ、高い確率で安定マッチングが存在することを示しました。

> **定理 9**. たとえカップルが参加していても、その割合が小さいなら、市場規模が大きくなると、安定マッチングが存在する確率は限りなく 1 に近づく。

証明（のごく簡単なスケッチ） なぜこのような結果が成り立つのかを理解

するために、証明の概略を説明します。まず、市場にいるカップルをひとま
ず除いて、残りの研修医と病院の間だけで DA アルゴリズムを実行します。
そのあと、カップルを1組ずつ加え、その都度第2.4.1項で紹介したような
DA アルゴリズムの修正版を実行します。そのアルゴリズムでは DA アルゴ
リズムと同じように研修医たちは希望順位の上の方から応募をしますが、カ
ップルは病院のペアに応募をするのでした。

　さて、第2.4.1項でみたように、このような DA 修正版のもとではある研
修医が応募することで同じ応募先を希望しているカップルの片方が拒否され
てしまい、そのためアルゴリズムがサイクルに陥ることで安定マッチングに
たどりつかない場合があるのでした。これは言い換えると第3.3.1項でみた
ような拒否の連鎖が起きてしまうことに対応します。しかし同じく第3.3.1
項で議論したように、市場規模が大きくなると拒否の連鎖は起きる可能性は
低くなります。そのためアルゴリズムのサイクルは起きずに、DA アルゴリ
ズムの修正版が高い確率で安定マッチングを発見できることになります。

証明終わり

　ただし、カップルが参加者の大部分を占めていると、この定理は成り立ち
ません。例えば病院の数 n が100倍になってもカップルの人数は10倍を下回
る程度にしか増えない、つまり市場規模 n が拡大する速さに対し、カップ
ルの数は $\sqrt{n}$ 未満の速度でしか拡大しない、という仮定のもとであれば、こ
の定理が成り立ちます。後続研究である Ashlagi, Braverman and Hassidim
（2014）はカップルの割合がもっと大きいときにも同様の結果が成立するこ
とを示しました。

3.4　おわりに

　この章では、NRMP の事例をもとに、実際のマッチング市場の設計問題
について考えました。データ分析やシミュレーションによって、古典的な理
論だけでは説明できないさまざまな現象が発見されました。そこで、古典的
な理論の限界を補うために最近展開された、新たな種類のマッチング理論を
紹介しました。

参考文献

［1］ Ashlagi, Itai, Mark Braverman and Avinatan Hassidim（2014）"Stability in Large Matching Markets with Complementarities," *Operations Research*, 62(4), pp.713-732.

［2］ Demange, Gabrielle, David Gale and Marilda Sotomayor（1987）"A Further Note on the Stable Matching Problem," *Discrete Applied Mathematics*, 16(3), pp.217-222.

［3］ Immorlica, Nicole and Mohammad Mahdian（2005）"Marriage, Honesty, and Stability," Proceedings of the sixteenth annual ACM-SIAM symposium on Discrete algorithms, pp.53-62.

［4］ Kojima, Fuhito and Parag A. Pathak（2009）"Incentives and Stability in Large Two-Sided Matching Markets," *American Economic Review*, 99(3), pp.608-627.

［5］ Kojima, Fuhito, Parag A. Pathak and Alvin E. Roth（2013）"Matching with Couples: Stability and Incentives in Large Markets," *Quarterly Journal of Economics*, 128(4), pp.1585-1632.

［6］ Roth, Alvin E.（2008）"Deferred Acceptance Algorithms: History, Theory, Practice, and Open Questions," *International Journal of Game Theory*, Special Issue in Honor of David Gale on his 85th birthday, 36(3-4), pp.537-569.

［7］ Roth, Alvin E. and Marilda A. Oliveira Sotomayor（1990）*Two-Sided Matching: A Study in Game-Theoretic Modeling and Analysis*, Cambridge University Press.

［8］ Roth, Alvin E. and Elliott Peranson（1999）"The Redesign of the Matching Market for American Physicians: Some Engineering Aspects of Economic Design," *American Economic Review*, 89(4), pp.748-780.

第 **4** 章

制約付きマッチング

地域偏在の問題をどう解決するか

4.1 制約付きマッチング

第1章から第3章では、特殊な制約のないマッチングを考えていましたが、現実の多くのマッチング市場ではさまざまな制約が課されています。制約付きマッチングの好例は、日本の研修医マッチング制度です。まずは、日本の研修医マッチング制度を概観していきます。

4.1.1 日本の研修医マッチングと「地域偏在」の問題

第1章で説明した通り、アメリカでは、研修医マッチング制度によって研修医と病院のマッチングが行われています。アメリカ等の成功例にならって、日本でも、2003年に研修医応募制のDAアルゴリズムに基づいた研修医マッチング制度が導入されました。嬉しいことに、マーケットデザイン理論が現実の制度設計に活用されたというわけです。

2003年以前は、日本には研修医マッチング制度が存在せず、研修医たちは自分の配属先の病院をあまり自由に選ぶことができませんでした。当時は大学病院の医局が研修医たちの配属先を決定するうえで強い権限を持っていたため、研修医本人の選好が反映されにくく、非効率的で不公平なマッチングが行われていたと考えられています。2003年以降は、DAアルゴリズムによるマッチング制度が導入されたことで、研修医たちの選好がマッチングに反映されやすくなりました。そしてもちろん、DAアルゴリズムを使っているので、安定的で効率的なマッチングを得ることができるようになりました。また、安定性は、一種の公平性の条件として解釈することもできます。つまり、「もし、自分が希望する病院とマッチしていないなら、その病院は自分以上に好ましい研修医とマッチしている」ので、マッチングの結果に納得感を持ちやすいのです。そういうわけで、このマッチング制度は研修医たちにとって好評だったと考えられます。

ところが、このマッチング制度が実装されて以降、制度に不満を持つ人たちも現れました。それは例えば地方の病院の医師たちや、彼らの声を代弁する政治家たちです。彼らの主張はおおよそ次のようなものでした。「DAアルゴリズムは、研修医たちの選好を考慮しすぎている。その結果、生活住環

境が良く、勉強になる症例も多い大都市の病院に研修医の応募が集中し、地方の病院は十分な研修医を集められなくなってしまった。このため、地方で研修医という貴重な労働力が不足してしまい、地域医療の疲弊を招いてしまった」。彼らの主張が正しいかどうかは別として、この主張は政府に大きな影響を与えました。2009年度の研修医マッチングから、政府は**地域上限**（**regional cap**）という新たな規制を導入しました。これは、都道府県ごとに受け入れられる研修医の数に上限を設けるものです[1]。そして、DAアルゴリズムはそのままでは必ずしも地域上限を守ることができないので、新しいマッチング方式が導入されることになりました。Japan Residency Matching Program メカニズム、略して JRMP メカニズムと本書では呼ぶことにします。JRMP メカニズムは、DA アルゴリズムを少しだけ変更し、地域上限をオーバーするようなマッチングができないようにしたものです。

　ところで、日本の研修医マッチングの経験でわかったのは、研修医側から応募する DA アルゴリズムは、地域上限を守ることができないという事実でした。そこで生じる自然な疑問は、「他の安定マッチングは、地域上限を守ることができるのか？」というものでしょう。地域上限を守ることができるような安定マッチングを見つける方法が存在するならば、研修医応募制DA アルゴリズムにこだわる必要はないかもしれません。しかし、その疑問に対する答えは No です。すなわち、「DA アルゴリズムの帰結が地域上限を守れないなら、どんな安定マッチングも地域上限を守ることができない」のです。なぜなら、第2章で説明した僻地病院定理（Rural Hospital Theorem）より、「ある安定マッチングにおいて定員を埋めていない病院は、すべての安定マッチングにおいて、同じ人数の研修医しか採用できない」からです（Roth 1986）。つまり、研修医応募制DA アルゴリズムにおいて定員を埋めることができなかった地方の病院は、あらゆる安定マッチングにおいて、研修医応募制 DA アルゴリズムを使ったときと同じ数の研修医しか採用できません。このことから、地方の病院で働く研修医の数を無理やり増やすようにつくられた JRMP メカニズムは、安定マッチングをもたら

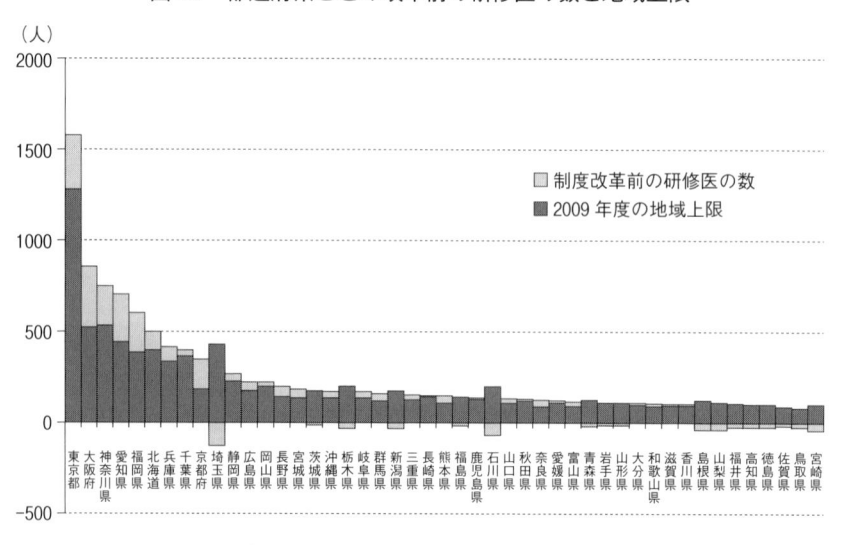

図4.1 都道府県ごとの改革前の研修医の数と地域上限

さないことがわかります。JRMP メカニズムは、DA アルゴリズムを少しだけ変更したものですが、その長所である安定性を損なってしまうのです。

　JRMP メカニズムの詳細に立ち入る前に、現実の制度でどのように地域上限が設定されているかを見てみましょう。図4.1は、都道府県ごとの「制度改革前に受け入れていた研修医の人数」と「地域上限」とを示しています。薄いグレーの棒グラフは2008年（制度改革前）における各都道府県ごとの病院の募集定員の総和を表しており、濃いグレーの棒グラフは2009年度の地域上限を表しています。例えば左端の東京都では、制度改革前は約1600人の研修医を募集していましたが、地域上限の導入により、1300人ほどしか研修医を募集できないことになりました（この変化はあまりにも急激であるため、地域上限を少しずつ下げていく「激変緩和措置」がとられることになりました）。ちなみに、制度改革時点で研修医マッチングに参加する研修医は、日本全体で毎年8000人ほどなので、制度改革前は全体の20％ほどの研修医が東京都に集中していたことになります。一方で、地方に配属される研修医は多くありませんでした。右端の鳥取県や宮崎県では、地域上限のほうが、2008年に配属された研修医の数を上回っていました。地域上限が配属された研修医の人数を上回っていた分を、薄いグレーの棒グラフのマイナスの部分の長

さで示しました。つまり、地方では、地域上限という制約はほとんど意味をなしていません。政府の意図は、大都市に集中する研修医の人数を減らし、地方に配属される研修医の数を少しでも増やすことだったといえます。

4.1.2 その他の制約付きマッチングの事例

日本の研修医マッチング以外にも、似たような制約付きマッチングの事例がいくつも観察できます。例えば、中国の大学院には主に研究者養成コース（academically oriented course）と、実務者養成コース（professionally oriented course）の2つのコースがあります。前者は日本における普通の修士課程で、後者はMBAのようなものだと考えてください。以前は研究者養成コースしかなかったのですが、経済成長を重視する中国政府の意向で、実務者養成コースが設置されました。しかし、中国国内には、「研究者養成コースの方に優秀な学生が集まる」という根強い評判があったようで、研究者養成コースに学生が集中する傾向が続いていました。実務者養成コースの学生を増やしたいと考えた中国政府は、2009年に、各大学院の研究者養成コースの定員を、毎年5％ずつ減らしていくことを決定しました。研究者養成コースの本来の定員（本来受け入れ可能な学生数）とは別に、作為的な制約条件を課したわけです。この事例は、日本の研修医マッチングと似たような問題構造をしています。研究者養成コースを大都市、実務者養成コースを地方とみれば、政府が地域間の格差を減らすために制約条件を課した日本の事例とそっくりです。

ヨーロッパの大学にも、似た事例が存在します。特にハンガリーやウクライナの例がわかりやすいです。これらの国の大学には、私費入学枠（privately financed seats）と国費入学枠（state-financed seats）の2種類の入学枠があります。私費入学枠から入学した学生は自分で学費を払いますが、国費入学枠の学生の学費は、政府が支払うことになります。大学側にとっては、ある学生が私費入学か国費入学かは重要な問題ではありません。結果的に入学してくる学生数と質だけに関心があります。しかし、政府は予算制約に直面しているので、国費入学枠に上限を設ける必要があります。そこで政府は、各大学ごとの国費入学枠に上限を設けています。つまり、各大学に、「通常の入学枠（私費入学枠＋国費入学枠）」と「国費入学枠」の二重の制約

が課されているのです。

　しかし、政府が課したこのような制約は、非効率的なマッチングを招く可能性があります。本来、政府が直面している予算制約は、国全体での国費入学枠の上限を定めるだけのものであって、各大学ごとの国費入学枠までは決める必要がないはずです。したがって、例えばある大学の国費入学枠に入れなかった学生がいたとしても、他の大学の国費入学枠に空きがあれば、国全体で見ると予算に余裕がある、といった非効率的な状況が生じる可能性があります。日本の JRMP メカニズムにおいても、このような非効率的なマッチングが生じることを後ほど確認していきます。

　このように、現実のマッチング市場にはさまざまな特殊な制約が課されていることが多いです。DA アルゴリズムは理論的に望ましい性質を持ちますが、この節で考えたような特殊な制約が課されているときは、うまく機能しません。では、特殊な制約が課されている状況でも、望ましいマッチングをもたらすメカニズムは存在するのでしょうか？　また、そもそも、この種の制約付きのマッチングにおける「望ましいマッチングの性質」とは、どのようなものでしょうか。

4.2　制約付きマッチングと JRMP メカニズム

　これから、研修医と病院との多対一マッチングを考えます。研修医の集合を D、病院の集合を H とします。各研修医は $H \cup \{\emptyset\}$ 上に強選好を持ち、各病院は $D \cup \{\emptyset\}$ 上に強選好を持ちます。記号 $\emptyset$ は外部オプションであり、「マッチしない」という選択肢を表す記号です。研修医または病院 $i \in D \cup H$ の選好を $\succ_i$ で表すことにします。

4.2.1　制約付きマッチングのモデル

　特別な制約のない標準的なモデルにおいて、マッチングが**安定的**（stable）であるとは

- 個人合理的であり、
- ブロックするペアが存在しない

ということでした。個人合理性とは、誰もが 0 以上に好ましい相手とマッチしている、という条件でした。そして、ブロックするペアが存在しないとは、どんな研修医と病院のペアも、自発的にいまのマッチングを（一部）解消して、互いにマッチしようとしない、という条件でした。また、二部マッチングにおいて安定性はコア（core）と同値の条件であり、安定マッチングは必ずパレート効率的でした。そして、驚くべきことに、安定マッチングは、各人がどんな選好を持っていようとも必ず 1 つ以上は存在し、DA アルゴリズムを使えば、それを簡単に見つけることができるのでした。

しかし、これから考える制約付きのマッチングにおいては、安定マッチングをうまく定義することが難しいことがわかっています。通常の安定性を自然に拡張して得られる条件を考えてみると、要求が強すぎて安定マッチングが存在しない例が簡単につくれてしまうのです。これは、第 3 章で考察したカップルのいるマッチングにおいて、安定マッチングが存在しない例が簡単につくれたことと似ています。ただし、そもそも制約のない状況で必ず安定マッチングが存在することのほうが驚くべき結果であって、制約が加えられると安定マッチングが存在しなくなることは、ある意味自然なことかもしれません。制約付きのマッチングにおいて安定性をどのように定義するべきか、という問題は、第 5 章で詳しく分析します。

次に、制約付きマッチングのモデルを導入しましょう。このモデルは標準的なモデルとほとんど同じなのですが

- 各病院は 1 つの地域（region）に属しており、
- 各地域には、**地域上限（regional cap）**がある

という 2 つの点だけ異なります[2]。地域上限とは、地域内の病院に配属される研修医の合計数の上限を定める 0 以上の整数です。マッチングが**実行可能（feasible）**であるとは、すべての地域上限が満たされていることをいいます。例えば、東京都の地域上限が1300だとしましょう。このとき、都内の病

2）ここでは、1 つの病院は 1 つの地域にしか属せない状況を考えていますが、一般には 1 つの病院が複数の地域に属しているようなモデルも考えることができます。

院に配属される研修医の数が1300人を超えていたら、そのようなマッチング
は実行不可能（infeasible）です。

　ここで重要な点は、**地域上限は、あくまで各地域ごとに定められているの
であって、各病院ごとに定められているわけではない**ということです。つま
り、東京都の定員1300人を、都内の病院の間でどのように分配するのかは、
メカニズムが決めなければいけない問題です。では、現在、日本で使われて
いる JRMP メカニズムは、どのようにしてこの問題を解決しているのでし
ょうか。

4.2.2　JRMP メカニズム

　JRMP メカニズムは、地域上限を満たすように DA アルゴリズムを少し
だけ変更したものです。もともと、各病院には（物理的に）採用可能な研修
医の人数に上限がありましたが、その実際の定員を**設置上限（real capac-
ity）**と呼ぶことにします。JRMP メカニズムはこの設置上限とは異なる、
目標上限（target capacity）というものを各病院ごとに設定します。ただ
し、目標上限は 0 以上の整数で、次の 2 つの条件を満たすように設定しま
す。

目標上限（target capacity）が満たすべき条件

(1) 各病院の目標上限は、各病院の設置上限以下でなければならない。

(2) 各地域内の病院の目標上限の合計値は、その地域の地域上限以下でな
　　ければならない。

そして、JRMP メカニズムは、設置上限ではなく、目標上限に基づいた研修
医応募制 DA アルゴリズムとして定義します。条件(2)を満たす目標上限を
使っているので、JRMP メカニズムが実行可能なマッチングを導くことは明
らかでしょう。また、JRMP は設置上限の代わりに目標上限を使うだけで、
基本的には DA アルゴリズムと同じなので、仕組みがわかりやすく、実行
もしやすいです。こうして見てみると、日本政府が JRMP メカニズムを導
入したことは一見とても妥当な判断であったように思えてきます。では、
JRMP メカニズムは、安定性や効率性は満たすのでしょうか？

表4.1　JRMP メカニズムが効率性や安定性を満たさないことを示すための例

1	2	3	4	5	6	7	8	9	10		A	B
A	A	A	B	B	B	B	B	B	B		1	1
0	0	0	0	0	0	0	0	0	0		2	2
											⋮	⋮
											10	10

　結論を先に述べると、JRMP メカニズムは安定性や効率性を満たすことができません。簡単な例で説明します。まず、10人の研修医 $D = \{1, 2, \cdots, 10\}$ と 2 つの病院 $H = \{A, B\}$ の多対一マッチングを考えます。各病院の設置上限は10ずつだとします。ただしこれらの病院は同じ地域に属しており、地域上限は10だとします。いま、JRMP メカニズムは各病院の目標上限を 5 ずつに設定したとしましょう[3]。さて、表4.1の選好プロファイルに JRMP メカニズムを使ってみましょう。なお、この選好プロファイルは、例えば研修医 1 は病院 A が第 1 希望であり、A のみ受け入れ可能である、などと読みます。病院 A と B は研修医たちに対して全く同じ選好を持っています。

- **ステップ 1**：(a) 研修医 1, 2, 3 は第 1 希望の病院 A に応募します。研修医 4, 5, $\cdots$, 10 は第 1 希望の病院 B に応募します。
  (b) 各病院は、**目標上限**の範囲内で研修医をキープします。病院 A は 1, 2, 3 全員をキープし、病院 B は目標上限が 5 なので好ましい順に 4, 5, 6, 7, 8 をキープし、9 と10を拒否します。

- 前のステップで拒否された研修医 9 と10はもう応募できる病院がありません。誰も応募しなかったのでアルゴリズムは停止します。
  JRMP メカニズムによる帰結は

3）目標上限は、先ほど述べた条件(1)と(2)を満たしている必要があります。また、日本では、もとの設置上限と比例的に目標上限を定めることが基本となっています。いま、2 つの病院の設置上限は同じ10ずつなので、同じ目標上限になるように、それぞれ5と設定したわけです。

- ●研修医 $1, 2, 3$ は病院 A に配属され、

- ●研修医 $4, 5, 6, 7, 8$ は病院 B に配属され、

- ●研修医 9 と10はどこにも配属されない

になります。これは明らかに非効率的な結果です。例えば、研修医 9 はどこにも配属されないよりは病院 B で働きたいと考えていますし、病院 B も設置上限を余らすよりは、なるべく定員を埋めたいと考えているので、9 を B に配属させれば、誰も損することなく、両者とも得をするからです。ここで重要な点は、地域上限という制約のもとでも、9 を B に配属させることが可能な点です。地域上限は10ですが、研修医 9 を新たに採用しても、まだ地域全体で 9 人しか採用していないからです。つまり、実行可能な範囲で、JRMP によるマッチングよりも全員にとって好ましいマッチングが存在するのです。

注意. 地域上限と設置上限は守らなければならない制約条件ですが、目標上限は、地域上限を守るために JRMP メカニズムによって便宜的に定められたものであり、本来の制約条件ではないことに注意してください[4]。

ここでいう効率性の定義を正確に述べておきましょう。マッチング μ が**制約付き効率性**（constrained efficiency）を満たすとは、次の 3 つの条件(i)、(ii)、(iii)を満たすマッチング μ' が存在しないことをいいます。

(i) μ' は実行可能である。

(ii) すべての $i \in D \bigcup H$ について $\mu'(i) >_i \mu(i)$ または $\mu'(i) = \mu(i)$ が成り立つ。

---

[4] 著者のひとり（小島）が政府関係者に取材した際に、「地域上限は守らなければならない制約だが、それを各病院間でどのように分配するかまでは定めておらず、目標上限それ自体は守るべき制約条件ではない」という主旨の回答を得ています。

(iii) ある $j \in D \bigcup H$ について $\mu'(j) >_j \mu(j)$ が成り立つ。

先ほどの例では、JRMP メカニズムがこの意味での制約付き効率性を満たさないことを確認したわけです。

　また、この JRMP メカニズムによるマッチングは、効率的ではないので、安定的でもありません。実際、研修医 9 と病院 B のペア $(9, B)$ はこのマッチングをブロックします。**制約付き安定性（constrained stability）**の厳密な定義については、次章で述べますが、この例では直感的に、このマッチングが安定的でないことがわかると思います。この例は、1 つの地域しか扱っていませんし、研修医が極端な選好を持っているような特殊ケースですが、この例に限らず、現実の多くの状況で JRMP メカニズムは非効率的なマッチングをもたらす可能性が高いです。その点については、後ほどシミュレーション分析によって説明します。

　JRMP メカニズムは、確かにわかりやすく、また地域上限を必ず守ることができますが、マッチングにとって大切な効率性や安定性が損なわれてしまうことがわかりました。では、どのようなメカニズムを用いれば、地域上限を守りつつ、より効率的なマッチングを見つけることができるのでしょうか。

4.3　FDA メカニズム

　JRMP メカニズムが失敗した原因は何でしょうか。それは、目標上限という余計な、そして硬直的な制約を課してしまったことです。先ほど考えた例では、目標上限が 5 と固定されているために、地域上限には余裕があるにもかかわらず、病院 B は研修医 9 と 10 を採用することができませんでした。そうであるならば、「地域上限に余裕がある場合には、目標上限という余計な制約をオーバーしてもよい」ということにすればよさそうです。つまり、目標上限という制約を、**もっと柔軟な（flexible）**ものに変更するわけです。そのような柔軟な制約を基にした研修医応募制 DA アルゴリズムが、Flexible Deferred Acceptance メカニズムです（Kamada and Kojima 2012, 2015, 2018）。略して、**FDA メカニズム**と呼ぶことにしましょう。

4.3.1 FDA メカニズムの定義と性能

FDA メカニズムも、JRMP メカニズムと同じく、DA アルゴリズムを元にしたものであり、基本的な動作は似ています。FDA メカニズムも各病院ごとに目標上限を設定します。目標上限は JRMP の際に課した条件(1)と(2)を満たすように設定します。そして、次の手順でマッチングを決めます。

● **ステップ1**：(a) 各研修医は受け入れ可能な第1希望の病院に応募します（なければ ∅ を選びます）。

(b-1：レギュラーフェイズ) 各病院は、応募してきた研修医のなかから好ましい順に、**目標上限の範囲内で**キープします。その後、受け入れ可能だが目標上限をオーバーしてしまったために受け入れられなかった研修医を自分の**待機リスト（wait list）**に加えます。

(b-2：待機リストフェイズ) 各病院は、自分の待機リストのなかから好ましい順に、設置上限と**地域上限の範囲内で**研修医をキープします。ただし、予め病院に**指名順序**をつけておき、その順序に従って1人ずつキープする研修医を指名していきます。地域上限が満員になるか、各病院の待機リストから研修医がいなくなるまで、順序に従って繰り返し1人ずつ研修医を指名していきます。ここでキープされなかった研修医は拒否されます。

● **ステップ2**：(a) 前のステップで拒否された各研修医は次に希望する受け入れ可能な病院に応募します（なければ ∅ を選びます）。

(b-1：レギュラーフェイズ) 各病院は、応募してきた研修医と既にキープしている研修医のなかから好ましい順に、目標上限の範囲内でキープします。その後、受け入れ可能だが目標上限をオーバーしたために受け入れられなかった研修医を自分の待機リストに加えます。

(b-2：待機リストフェイズ) 各病院は、自分の待機リストのなかから好ましい順に、設置上限と地域上限の範囲内で研修医をキープします。各病院が、予め決められた指名順序に従って、キープする研修医を指名していきます。ここでキープされなかった研修医は拒否されます。

● 以上の過程を応募がなくなるまで繰り返します。最後に、病院がキープしている研修医を正式に採用し、マッチングが確定します。

JRMP メカニズムと異なり、病院はレギュラーフェイズでキープしなかった研修医をすぐに拒否せずに待機リストに加えます。そして待機リストフェイズでは、目標上限を超えて地域上限の範囲内でキープする研修医を決めることができます。

　先ほど考えた例を再び使って、FDA メカニズムの動きを確認してみましょう。

● **ステップ 1**：(a) 研修医 $1, 2, 3$ は第 1 希望の病院 A に応募します。研修医 $4, 5, \cdots, 10$ は第 1 希望の病院 B に応募します。

(b-1) 各病院は、目標上限の範囲内で研修医をキープします。病院 A は $1, 2, 3$ 全員をキープし、病院 B は目標上限が 5 なので好ましい順に $4, 5, 6, 7, 8$ をキープし、9 と 10 を待機リストに加えます。

(b-2) いまこの地域全体で 8 人の研修医がキープされていますが、地域上限は10なのでまだ余裕があります。病院 B は待機リストにいる 9 と 10 をキープします。

● すべての研修医がキープされたので、手続きは終了します。

FDA メカニズムによる結果は

● 研修医 $1, 2, 3$ は病院 A に配属され、
● 研修医 $4, 5, 6, 7, 8, 9, 10$ は病院 B に配属される

になります。

　このマッチングは、制約付き効率性を満たします。すべての研修医が第 1 希望の病院に配属されていますし、地域上限も満たされているからです。また、厳密な定義は述べませんが、制約付き安定性も満たしています。FDA メカニズムは、JRMP メカニズムの問題点を解決できるのです。一般に、次

のことが証明されています。

> **命題1.** FDA メカニズムは、次の3つの性質を持ちます。
> (i) FDA メカニズムによるマッチングは制約付き効率性と制約付き
> 安定性を満たす。
> (ii) 研修医側耐戦略性を満たす。
> (iii) すべての研修医が、FDA の帰結を JRMP の帰結以上に好む。

FDA メカニズムは、地域上限という制約のもとでも望ましいマッチングを見つけることができる優れたメカニズムなのです。

注意. FDA メカニズムによるマッチングは、病院の指名順序によっていろいろ変わる可能性があります。しかし、どのマッチングも上記のような望ましい性質を満たします。

　最後に、シミュレーションによる分析を紹介します。命題1(iii)から、FDA メカニズムは、必ず JRMP メカニズムと同じかそれよりも多くの研修医を病院とマッチさせる（＝配属させる）ことができます。しかし「どれくらい多いか」といった定量的なことまで命題として主張することは、普通はできません。そこで活躍するのがシミュレーションによる分析です。

　JRMP の運営者である研修医マッチング協議会は、シミュレーションに役立つデータをたくさん公開しています。残念ながら、いくつかのデータは個人情報保護の関係もあって入手することができませんでしたが、公開されているデータを利用して仮想的なデータを作成し、JRMP メカニズムと FDA メカニズムを使った場合にマッチする研修医の数を比較することができました。また、参考値として、地域上限がなかった場合に DA アルゴリズムを使うと研修医がどれくらいマッチできるのかも計算しました。シミュレーションの結果をまとめたものが図4.2です。地域上限導入直前の時点では全国で約8300人の研修医がマッチングに参加していますが、仮想的なケースである地域上限を無視した場合の DA アルゴリズムのもとでも、800人ほどの研修医はどの病院にも配属されないことになります。しかし JRMP メカニズ

図4.2　マッチした研修医の数の比較

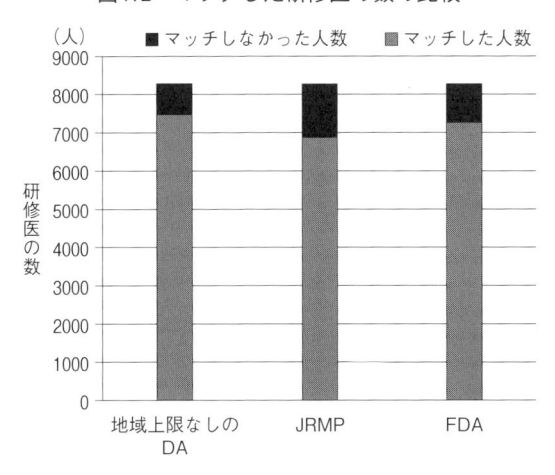

ムを使うと、病院に配属されない研修医が600人ほど増えて、1400人にもなります。これは、地域上限という制約を課したことによる弊害だといえます。「研修医の地域偏在」という問題を解消するために導入された地域上限ですが、それはまた別の、とても大きな社会的コストを生じさせているわけです。しかし、FDA メカニズムを使えば、このコストを小さくできます。シミュレーションの結果によれば、FDA メカニズムのもとでは、配属されない研修医の数を1000人にまで減らすことができます。言い換えると、地域上限の導入によって追加的に起きてしまう未配属研修医数を、600人からその 3 分の 1 にあたる200人にまで軽減することができるわけです。

　図4.3は、第 1 希望の病院とマッチした研修医の数、第 2 希望以上の病院とマッチした研修医の数、…、第 9 希望以上の病院とマッチした研修医の数をそれぞれプロットしたものです。

　制約のない DA アルゴリズムの場合、第 1 希望の病院とマッチできた研修医の数は5500人以上になります。一方、JRMP メカニズムの場合、第 1 希望の病院とマッチできた研修医の数は4400人程度にまで減ってしまいます。これも、地域上限および硬直的な目標上限を導入したことによる弊害だといえます。しかし、FDA メカニズムを使えば、第 1 希望の病院とマッチできる研修医の数を5000人以上にまで回復することができます。また、第 k 希望以上の病院（$k = 1, 2, \cdots, 9$）とマッチした研修医の数を見ると、FDA メ

図4.3 第 k 希望以上の病院とマッチした研修医の数

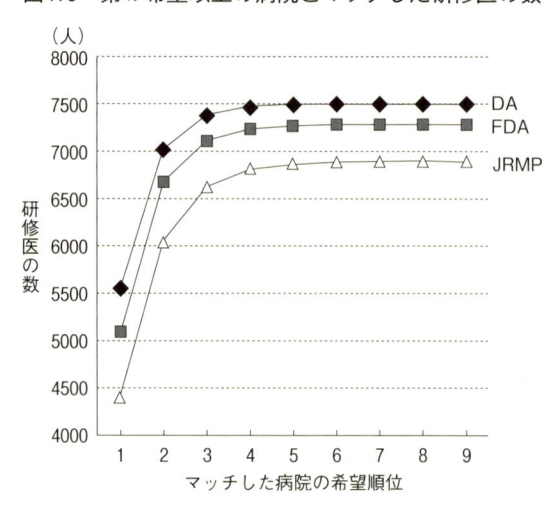

カニズムは JRMP メカニズムをすべての k で上回っています。FDA メカニズムは、現行の JRMP メカニズムよりも優れた性能を持つメカニズムだといえます。

4.4 おわりに

　この章では、日本の研修医マッチング制度を題材に、制約付きのマッチングについて解説しました。現行のマッチング制度のもとでは無視できない非効率性が生じている恐れがありますが、それをある程度解消できる新しいマッチング制度を紹介しました。しかし、まだ理論的に重要な問題が残っています。制約条件がある場合の安定性の定義の問題です。制約付きマッチングにおける安定性について、次の章で詳しく分析していきましょう。

参考文献

［1］Kamada, Yuichiro and Fuhito Kojima（2012）"Stability and Strategy-Proofness for Matching with Constraints: A Problem in the Japanese Medical Match and Its Solution," *American Economic Review Papers and Proceedings*, 102（3）, pp.366-370.

［2］ Kamada, Yuichiro and Fuhito Kojima（2015）"Efficient Matching under Distributional Constraints: Theory and Applications," *American Economic Review*, 105(1), pp.67-99.

［3］ Kamada, Yuichiro and Fuhito Kojima（2018）"Stability and Strategy-Proofness for Matching with Constraints: A Necessary and Sufficient Condition," *Theoretical Economics*, 13(2), pp.761-794.

［4］ Kamada, Yuichiro and Fuhito Kojima（2020）"Accommodating Various Policy Goals in Matching with Constraints," *Japanese Economic Review*, 71(1), pp.101-133.

［5］ Roth, Alvin E.（1986）"On the Allocation of Residents to Rural Hospitals: A General Property of Two-Sided Matching Markets," *Econometrica*, 54(2), pp. 425-427.

第 **5** 章

制約付きマッチングにおける "正しい" 安定性の定義を考える

5.1　制約付きマッチングにおいて安定性をどう定義すればよいか

　第4章では、日本の研修医マッチング制度の非効率的な点を指摘し、FDA メカニズムという、地域上限を満たしつつ、より効率的なマッチングを実現できる（＝マッチできる研修医の数を増やし、より希望順位の高い病院に配属させられる）メカニズムを提案しました。しかし FDA メカニズムも、制約があると安定マッチングが存在しない場合があるため、通常の意味での安定性を満たすことはできず、「制約付き安定性」しか満たすことができないのでした。

　ところで、まだ「制約付き安定性」の正確な定義を述べていませんでした。実は、制約付きマッチングにおける「安定性の概念」を定義すること自体が、難しく、しかしとても面白い問題なのです。この章では、「制約付きマッチングにおける望ましい配分の性質とはどのようなものか」という問題を考えていきます。

5.2　制約付きマッチングにおける強安定性

　制約付きマッチングの問題において、通常の意味での安定性は強すぎる条件です[1]。後ほど示しますが、少しでも制約構造を加えると、安定マッチングの存在が保証されなくなるのです。しかし、実際に私たちは、しばしば制約構造のあるマッチングの問題に直面しますし、そこでもマッチングの結果や制度の望ましさを判断しなければなりません。そのとき、「この問題には安定マッチングが存在しないので、結果が良いのかどうかわかりません」となっては困ります。常に存在することが保証されるような「望ましいマッチング」の定義を考えたいのです。

　安定マッチングの非存在問題を解決する方法はいくつかあります。この章で考えるのは「安定性の定義を弱めて、常に存在するようにする」という方

---

[1]　安定性とは(i)個人合理的であり、(ii)ブロックするペアが存在しない、という性質でした。

法です[2]。ただし、弱めすぎてもいけません。確かに、安定性の定義を弱めて、弱めて、弱めまくれば、「弱弱弱安定性」を満たす配分が常に存在すると主張することは容易になるでしょう。しかし定義を弱めすぎると、今度は「望ましい配分の性質」とはいえなくなります。安定性という条件のコンセプトを失い、明らかに "ダメそう" な配分まで「弱弱弱安定性」を満たすとなれば、そんな条件はマッチングの結果や制度の望ましさを判断するための基準として役に立ちません。というわけで、**どのような弱め方が妥当なのか**を探っていきましょう。

5.2.1　強安定性の定義

第 4 章までと同様、研修医の集合を D、病院の集合を H で表し、研修医を i や j などで表し、病院を A や B などの大文字で表します。病院 $A \in H$ の設置上限（real capacity）を $q_A \in \mathbb{Z}_+$、地域 R の地域上限（regional cap）を $q_R \in \mathbb{Z}_+$ と書きます。また、病院 A が所在する地域を $r(A)$ で表します。マッチング μ において病院 A に配属される研修医の集合を $\mu_A = \{i \in D : \mu(i) = A\}$ で表し、その人数を $|\mu_A|$ で表すことにします。さらに、マッチング μ において地域 R 全体に配属される研修医の集合を $\mu_R = \{i \in D : r(\mu(i)) = R\}$ と表し、その人数を $|\mu_R|$ で表します。

マッチング μ が**実行可能**（feasible）であるとは、任意の病院 $A \in H$ について $|\mu_A| \leq q_A$ が成り立ち、かつ任意の地域 R について $|\mu_R| \leq q_R$ が成り立つことをいいます。つまり、すべての病院の設置上限と、すべての地域の地域上限が守られているとき、マッチングが実行可能といいます。

まず、議論の足がかりとして、通常の安定性を、制約付きマッチングの問題でも使えるように自然に拡張した条件を考えてみましょう。通常の安定性は、ブロックするペアが一切存在しないことを要求しますが、その要求を弱めてみます。

> **強安定性の定義（その 1）**．次の 3 つの条件を満たすとき、マッチン

2）他の解決策としては、選好の範囲を制限する方法（domain restriction）や、第 3 章で考えたような参加者の多い大市場（large market）での近似的な性質を示す方法などが考えられます。

グ μ は**強安定的**（strongly stable）であるといいます。
1. 実行可能である。
2. 個人合理的である。
3. もし (i, A) が μ をブロックするペアならば、μ を変更して i と A をマッチさせたマッチングは実行不可能である。

「強安定性」という名前がついていますが、条件 3 は通常の安定性よりも弱いことを要求しています。したがって、制約付きマッチングにおいて、（実行可能な）安定マッチングならばそれは強安定マッチングであり、強安定性は通常の安定性より弱い条件です。それでも、この要求は強すぎることが後ほどわかります。また、第 5.3 節で考える「弱安定性」よりは強い条件なので、「強安定性」と命名しました。この条件は、制約付きマッチングにおける安定性の概念として初めに思いつきそうな条件といえるでしょう。条件 1 は、制約付きマッチングを考えているのだから当然満たしてほしい条件です。条件 2 の個人合理性も最低限の要求の 1 つでしょう。条件 3 がここでのキーポイントです。通常の安定性は、ブロックするペアが絶対に存在しないことを要求しますが、ここでは「実際にブロックして得られるマッチングが実行可能でない」ならば、ブロックするペアが存在することを許容するわけです。条件 3 を、地域上限という言葉を使って書き換えるとわかりやすくなります。

強安定性の定義（その 2）． 次の条件 1、2、3 を満たすとき、マッチング μ は**強安定的**（strongly stable）であるといいます。
1. 実行可能である。
2. 個人合理的である。
3. もし (i, A) が μ をブロックするペアならば、次の (i)、(ii)、(iii) がすべて成り立つ。
   (i) 病院 A の所在地域には地域上限と同数の研修医がいる。つまり $|\mu_{r(A)}| = q_{r(A)}$ が成り立つ。
   (ii) 病院 A はいま採用中のどの研修医についても i より好んでいる。つまり、すべての $j \in \mu_A$ について $j >_A i$ が成り立つ。
   (iii) 研修医 i は病院 A と同じ地域にある他の病院には配属され

> ていない。つまり $r(\mu(i)) \neq r(A)$ が成り立つ。

この定義は、先ほどの強安定性の定義と同値なのですが、条件 3 のなかの「実行不可能」の意味を詳しく書いています。これらの条件は、病院 A の設置上限には余裕があるので追加的に i を雇いたいが（条件(ii)）、A の地域は地域上限に余裕がないために（条件(i)と(iii)）、これ以上雇うことができないという状況を表しています。

なぜ(iii)が必要なのでしょうか。例えば、もし i が病院 A と同じ地域にある他の病院 B に配属されているのならば、B から A に移っても地域全体に配属されている研修医の数は変わらず、地域上限をオーバーしないからです。

また、例えば、(i)と(iii)を満たしていても、(ii)を満たしていないなら、実行可能な範囲でブロックできます。実際、(ii)が満たされていないということは、A が既に雇っている研修医のなかに i より好ましくない研修医（例えば j）がいるはずです。よって A が j を雇うのをやめてから i を雇えば、地域上限を破ることなく、A も i も得をします（つまり μ をブロックできます）。

注意. 条件(ii)において、病院 A に誰も配属されていない場合（$\mu_A = \emptyset$ の場合）、条件(ii)は無条件に満たされることに注意してください。

5.2.2　強安定マッチングは存在しないことがある

強安定性は、通常の安定性を弱めた条件としては自然に思いつくものです。実行可能でないケースのみブロックするペアが存在することを許容するだけで、あとは安定性の定義そのものだからです。ところが、強安定マッチングは常に存在するとは限りません。

次の例を考えます。研修医 1 と 2、病院 A と B のマッチングを考えます。A と B の設置上限（実際に受け入れ可能な研修医の数）はどちらも 1 だとします。地域は 1 つしかなく、A と B も同じ地域に属していますが、その地域上限は 1 とします。それぞれの選好は表5.1の通りとします。

表5.1のリストは、第 4 章と同様、例えば「研修医 1 は病院 A を B より

表5.1　強安定マッチングは存在しないことがある

1	2		A	B
A	B		2	1
B	A		1	2

好む」ことなどを表しています。まず、「どの研修医も配属されない」という
マッチングは、当然ですが強安定的ではありません。例えば $(1, A)$ という
ペアは、「どの研修医も配属されない」というマッチングをブロックしま
すし、1 が A に配属されるマッチングは明らかに実行可能です。どの研修
医も配属されないマッチングを除くと、実行可能なマッチングは

(a) $(1 \heartsuit A)$、2 と B はマッチしない

(b) $(2 \heartsuit A)$、1 と B はマッチしない

(c) $(2 \heartsuit B)$、1 と A はマッチしない

(d) $(1 \heartsuit B)$、2 と A はマッチしない

の4つしかありません（地域上限が1なので）。これらがどれも強安定性を
満たさないことを確認します。

(a) $(1 \heartsuit A)$ は $(2, A)$ にブロックされます。いま、病院 A は 2 を 1 より
好むので条件(ii)を満たしていません。言い換えると、病院 A は 1 を
雇うのをやめて 2 を雇えば、地域上限を破ることなくブロックできま
す。

(b) $(2 \heartsuit A)$ は $(2, B)$ にブロックされます。2 は同じ地域の病院に配属さ
れているので、条件(iii)を満たしていません。よって 2 が病院 B に移
っても地域全体に配属される研修医の数は変わりません。したがっ
て実行可能な範囲でブロックできます。

(c) $(2 \heartsuit B)$ は $(1, B)$ にブロックされます。病院 B は 1 を 2 より好むの
で条件(ii)を満たしていません。

(d) $(1 \heartsuit B)$ は $(1, A)$ にブロックされます。1 は同じ地域内の病院に配属
されているので、条件(iii)を満たしていません。

　以上より、この例には強安定マッチングが存在しないことがわかりました。常に存在するようにしたくて安定性を弱めたのに、これではうまくいかないことがわかりました。

5.2.3　強安定マッチングの不可能性定理

　ここで考えるべきことは、この「非存在」の問題が、どの程度深刻なのか、ということです。いま示したのは、「強安定マッチングが常に存在するとは限らない」ということであって、実際には、多くの場合に強安定マッチングは存在するのかもしれません。実際、先ほど考えた例（表5.1）は、地域が1つで研修医や病院の数が2という、非現実的なものでした。

　そこで、もっと一般的に「強安定マッチングが存在することを保証する制約構造とはどのようなものか」という問いを考えてみましょう。制約構造について2つの性質を定義します。

(i) どんな研修医の数、選好、病院の設置上限についても、常に強安定マッチングが存在するとき、その制約構造は**強安定マッチングの存在を保証する**（guarantees existence of a strongly stable matching）といいます。

(ii) すべての地域について、（1）「病院の数が1つだけ」または（2）「地域上限が0」のどちらかが成り立つとき、その制約構造は**病院間独立性**（independence across hospitals）を満たすといいます。

非存在の問題を解決するために安定性の条件を弱めたので、性質(i)は是非とも満たしてほしい条件です。もし、なんらかの制約構造のもとでは強安定マッチングが常に存在するのであれば、そして、その制約構造が現実的なものならば、非存在の問題はさほど深刻ではなくなります。

　一方で、(ii)の病院間独立性は非常に強い、あるいは、「馬鹿らしい」条件ともいえるでしょう。各地域に病院の数が1つだけ、または、複数の病院が存在するとしてもその地域の定員が0ということは、地域上限に関する問題が実質的に存在しないということです。少なくとも、現在の日本のすべての都道府県には病院が2つ以上存在するので、日本の研修医マッチング制度の制約構造は病院間独立性を満たしていません。実は、残念なことに次の結果が示されています。

表5.2 選好表（耐戦略性と強安定性について）

1	2			A	B
A	B			2	1
0	0			1	2

> **命題2.** 制約構造が強安定マッチングの存在を保証することと、病院間独立性を満たすことは、同値である。

つまり、強安定マッチングは「まともな」制約構造のもとでは存在が保証されないのです。

　常に存在することが難しいのであれば、存在するときにそれを選べるようなメカニズムを考えてみるのはどうでしょうか。強安定マッチングが存在しないときは、潔くあきらめます。代わりに、もし強安定マッチングが少なくとも1つ存在するならば、それを確実に選び取ればよいのではないか、と考えるのです。ただし、このままだと、強安定マッチングが存在しないときには「何でもあり」になってしまうので、意味のある結果を出すための要求として弱すぎます。そこで、もう1つだけ条件を追加します。DA アルゴリズムや FDA アルゴリズムと同様に、**研修医側耐戦略性**（**strategy-proofness for doctors**）を要求することにします。

　次の例で、「研修医側耐戦略性」を満たし、「強安定マッチングが存在するならばそれを選び取る」メカニズムが存在するか確認してみましょう。先ほどと同様、研修医1と2、病院 A と B のマッチングを考えます。A と B の設置上限はどちらも1人までだとします。そして、研修医と病院が表5.2 のような選好を持っているとします。

　このとき、強安定マッチングが2つだけ存在します。

(a) $(1 \heartsuit A)$、2と B はマッチしない

(b) $(2 \heartsuit B)$、1と A はマッチしない

これらのマッチングは、そもそもブロックするペアが存在しないので強安定的であることがわかります。ここで、「研修医側の耐戦略性」を満たし、「強

表5.3 2が嘘をついた場合

1	2
A	B
$\emptyset$	$\emptyset A$

A	B
2	1
1	2

安定マッチングが存在するならそれを選ぶ」メカニズムが存在すると仮定しましょう。そして仮に、そのメカニズムがマッチング（a）を帰結として選んだとしましょう。しかしこのとき、研修医2は嘘をつくと得します。研修医2が「AもBほど好きではないが受け入れ可能である」と嘘をついて全員の選好が表5.3のようになったとしましょう。

　すると、$(1 \heartsuit A)$ は $(2, A)$ にブロックされてしまいます。しかも $(2, A)$ というペアは、強安定性の条件3の(ii)を満たしていないので、実行可能です。もはやマッチング（a）は強安定ではなくなります。しかしこのメカニズムは「強安定マッチングが存在するならそれを選ぶ」はずなので、2がこのような嘘をついた場合は残りの唯一の強安定マッチングである（b）を選ばなければなりません[3]。これによって2は病院 B とペアになれるため、嘘をつくと得をします。つまり、このメカニズムは最初からマッチング（a）を帰結として選ぶことができないのです。

　対称的に、仮にそのメカニズムがマッチング（b）を帰結として選んだとしましょう。このとき研修医1が B も受け入れ可能だと嘘をつくことで、マッチング（a）を唯一の強安定マッチングにすることができ、得ができます。同様の議論により、このメカニズムは最初からマッチング（b）を帰結として選ぶことができません。つまり、この例において、研修医側の耐戦略性を満たし、強安定マッチングが存在するならそれを選べるようなメカニズムは存在しないことがわかりました。一般的に、次の結果が示されています。

> **命題3.** 制約付きマッチング問題において、「研修医側の耐戦略性」を満たし「強安定マッチングが存在するならばそれを選ぶ」ようなメ

3）ちなみに $(2 \heartsuit A)$ というマッチングは $(2, B)$ に実行可能な形でブロックされるので強安定ではありません。

> カニズムが存在することと、制約構造が**病院間独立性**を満たすことは、同値である。

つまり、ほとんどの「まともな」制約付きマッチング問題において、たとえ強安定マッチングが存在する場合であっても、強安定マッチングを選び取ることができるような研修医側耐戦略性を満たすメカニズムは存在しない、ということです。これはかなり悲観的な結果といってよいでしょう。強安定性は、制約付きマッチング問題における安定性の概念としては非常に使いにくいものだということがわかりました。

5.3　弱安定性

通常の安定性の概念を、制約付きマッチングでも使えるように強安定性に弱めましたが、それでも、ほとんどの制約構造のもとで強安定マッチングは存在しないか、存在したとしてもそれを選び取ることができる耐戦略的なメカニズムが存在しないことがわかりました。したがって、安定性の概念を、存在が常に保証されるようにもっと弱めなければなりません。しかし、「ダメそうな」マッチングを排除できる程度には、十分に強くなければなりません。

5.3.1　弱安定性の定義

安定性の概念を弱める際に、次の3つの要件に留意することにしましょう。

(a) 常に存在する。
(b) 効率性を含意する。
(c) いくつかの規範的に「望ましい」性質によって特徴づけられる。

要件 (a) と (b) の意味は明確ですが、(c) についてはいまは少しあやふやです。後ほど、要件 (c) の正確な定義を述べます。

マッチングの**弱安定性**（weak stability）を次のように定義するのはどうでしょうか。

弱安定性の定義. 次の 3 つの条件を満たすとき、マッチング μ は**弱安定的**（weakly stable）であるといいます。

1. 実行可能である
2. 個人合理的である
3. もし (i, A) が μ をブロックするペアならば、
   (i) 病院 A が所在する地域全体に配属されている研修医の数が、その地域の地域上限に達している
   (ii) 病院 A は μ で A に配属されているどの研修医についても i より好んでいる。

つまり、強安定性の定義の(iii)を取り除いたものが弱安定性です。条件(ii)が満たされているということは、病院は現在配属されている研修医を辞めさせてまで新しい研修医を採りたいわけではない、ということです。つまりその病院は設置上限に達しておらず、追加的に採用できるなら採用したいが、(i)都道府県の地域上限に達しているために、追加的に研修医を採用できない、という状況を表しています。このようなときのみブロックするペアの存在を許すのが弱安定性です。

強安定性は、たとえ地域上限に達していたとしても、同じ地域内の移動は実行可能なので、そのようなブロックするペアが存在することは許していませんでしたが、弱安定性は、ブロックする研修医がどの地域に所属しているのかは気にしません。このように、弱安定性は強安定性の定義を少しだけ変えたものですが、実はこれだけでほぼすべての問題を解決することができます。この弱安定性が、第 4 章で言及した「制約付き安定性」の正体です。

第5.2.2項で考えた例（表5.1）には強安定マッチングが存在しませんでしたが、弱安定マッチングは存在することを確かめてみましょう。病院 A と B の設置上限が 1 で、どちらも同じ地域に属しており、地域上限も 1 で、選好は表5.4（表5.1の再掲）の通りでした。

実行可能なマッチングは

(a) $(1 \heartsuit A)$、2 と B はマッチしない
(b) $(2 \heartsuit A)$、1 と B はマッチしない
(c) $(2 \heartsuit B)$、1 と A はマッチしない

表5.4 強安定マッチングが存在しない例（表5.1と同じ）

1 2			A B		
A	B		2	1	
B	A		1	2	

(d) $(1 \heartsuit B)$、2 と A はマッチしない

の4つのみでした。

　この例では、マッチング（b）とマッチング（d）が弱安定的であることがわかります。例えばマッチング（b）は、$(2 \heartsuit A)$ となっているので、$(2, B)$ にブロックされますが、条件(i)も(ii)も満たされています。いま病院 B には誰も配属されていないので条件(ii)は無条件で満たされることに注意してください。また、マッチング（d）では、$(1 \heartsuit B)$ となっているので、$(1, A)$ にブロックされますが、やはり(i)も(ii)も満たされています。したがって、先ほどの例にも弱安定マッチングは存在するのです。そして実は、次の結果がわかっています。

> **命題4.** 弱安定マッチングは常に存在する。

　この章では、日本の研修医マッチング制度における「地域上限」という単純な制約構造のみを考えていますが、もっと一般的な、FDA メカニズムが適用できないようなものも含めて、どんな制約構造のもとでも[4]弱安定マッチングが存在します。この点については第5.3.3項でより詳しく説明します。
　さて、常に存在を保証できるくらいには安定性の概念を弱めることはできました。それでは、この弱安定性という概念は、「ダメそうな」マッチングを排除できる程度には十分強い条件なのでしょうか。第4章で扱った例をもとに、この問題を考えてみましょう。

---

[4] 詳しくは第5.3.3項で説明しますが、ここでは heredity という条件を満たすものを制約構造と呼んでいます。

表5.5　JRMP メカニズムは弱安定性を満たさない

1	2	3	4	5	6	7	8	9	10		A	B
A	A	A	B	B	B	B	B	B	B		1	1
$\emptyset$	$\emptyset$	$\emptyset$	$\emptyset$	$\emptyset$	$\emptyset$	$\emptyset$	$\emptyset$	$\emptyset$	$\emptyset$		2	2
											$\vdots$	$\vdots$
											10	10

5.3.2　弱安定性の望ましい性質

　第4章で、JRMP メカニズムの帰結が制約付き効率性を満たさないことを確認しましたが、ここでは弱安定性も満たさないことを示します。つまり、弱安定性は JRMP メカニズムの結果を「ダメ」だと判断できる程度には強い条件なのです。

　10人の研修医 $D = \{1, 2, \cdots, 10\}$ と2つの病院 $H = \{A, B\}$ の多対一マッチングを考えます（第4章で考えた例と同じです）。各病院の設置上限は10ずつですが、これらの病院は同じ地域に属しており、地域上限も10です。JRMP メカニズムが各病院の目標上限を5ずつに設定したとしましょう。選好プロファイルも第4章と同様のものを考えます（表5.5、表4.1の再掲）。

　表5.5の選好プロファイルのもとで JRMP メカニズムを使うと

- 研修医1、2、3は病院 A に配属され、
- 研修医4、5、6、7、8は病院 B に配属され、
- 研修医9と10はどこにも配属されない

というマッチングが得られるのでした。しかし、ここで $(9, B)$ というペアはこのマッチングをブロックできます。しかもまだ地域上限には達していないので、弱安定性の条件(i)を満たしていません。実際、病院 B が研修医9を新たに採用しても地域上限をオーバーすることはありません。よって JRMP メカニズムの帰結は弱安定性を満たさない場合があるとわかりました。

　では、弱安定マッチングは見つけるのが難しいかというと、そんなことは

ありません。FDA メカニズムを使えば簡単に見つけることができます。この例で FDA メカニズムを使うと、帰結は

- 研修医 1、2、3 は病院 A に配属され、
- 研修医 4、5、6、7、8、9、10は病院 B に配属される

というマッチングになるのでした。すべての研修医が第 1 希望の病院に配属されているので、明らかにこのマッチングをブロックするペアは存在しません。よってこのマッチングは弱安定的です。一般に、FDA メカニズムの結果は弱安定的になります。

> **命題 5.** FDA メカニズムの帰結は弱安定マッチングである。

さらに、地域上限という単純な制約構造のもとでは、FDA メカニズムの帰結はより望ましい性質をも満たします。詳しくは Kamada and Kojima (2012, 2015, 2024) を参照してください。

弱安定性の一般的な性質について述べます。まず、弱安定性は制約付き効率性（第4.2節で定義したもの）を含意します。制約のないマッチングでは、安定性は協力ゲーム理論におけるコアと同値なので効率性を満たすのは当たり前ですが、制約付きマッチングでは弱安定性とコアは一致しないので（というか、そもそもコアのまともな定義が明らかではないので）、この点はきちんと確認しておかなければなりません。

> **命題 6.** あるマッチングが弱安定的ならば、それは制約付き効率性を満たす。

さらに、弱安定性はいくつかの標準的な規範的性質によって特徴づけられることがわかっています。2 つの新たな条件を導入します。マッチング μ に**無駄がない**（non-wasteful）とは、次の条件(i)と(ii)を同時に満たす研修医と病院のペア (i, A) が存在しないことをいいます。

(i) 研修医 i が、現在配属されている病院 $\mu(i)$ よりも A を好み、かつ、病院 A にとっても i は受け入れ可能である。つまり $A >_i \mu(i)$ かつ $i >_A \emptyset$ が成り立つ。

(ii) 病院 A の設置上限と A の所在地域の地域上限のどちらにも達していない。つまり $|\mu_A| < q_A$ かつ $|\mu_{r(A)}| < q_{r(A)}$ が成り立つ。

実際、もし(ii)設置上限にも地域上限にも余裕があって、(i)お互いに雇用関係になることを望むペア (i, A) が存在するなら、そのようなマッチング μ は明らかに改善の余地があります。マッチング μ に無駄がないことは、望ましい配分の性質としては最低限の要求の1つと言ってよいでしょう。

次に、マッチング μ に**正当な羨望がない**（free of justified-envy）、つまり μ が無羨望性を満たすとは、次の条件(i)と(ii)を同時に満たす研修医のペア (i, j) が存在しないことをいいます。

(i) 研修医 i は、j の配属先のほうをいまの自分の配属先より好む。つまり $\mu(j) >_i \mu(i)$ が成り立つ。

(ii) 研修医 j の配属先 $\mu(j)$ は j より i を好む、または j はどこにも配属されていない。つまり $i >_{\mu(j)} j$ または $\mu(j) = \emptyset$ が成り立つ。

条件(i)は、i が j に対して羨望を持つことを意味します。そして条件(ii)は、その羨望が正当であることを意味します。(i)が成り立っていて、もし j を採用中の病院 $\mu(j)$ も i を j より好むのだとしたら、i の j に対する羨望はもっともなことです。あるいは、どこにも配属されていない j のことを i が羨むのだとしたら、つまり、i もどこにも配属されないことを望むのだとしたら、その願いは叶えられるべきでしょう。マッチングに正当な羨望が存在しないという条件もまた、私たちが「望ましい」と考えるマッチングの性質をうまく描写していると言えます。

これで、次の定理を述べる準備が整いました。

定理10. あるマッチングが弱安定的であることと、そのマッチングが以下の4つの条件を満たすことは同値である。

(i) 実行可能である。

> (ii) 個人合理的である。
>
> (iii) 無駄がない。
>
> (iv) 正当な羨望がない。

　この章では、制約付きマッチングにおける「"正しい"安定性の概念とは何か」という問いを探究してきました。探究の結果、私たちがたどり着いた弱安定性という条件は、「常に存在するように都合よく作られたアドホックなもの」ではなく、厚生経済学やゲーム理論でこれまで考えられてきた標準的な規範的性質である個人合理性や無羨望性を満たすことがわかりました。さらに、弱安定性は、それら規範的性質を満たす唯一の条件だということもわかりました[5]。

　まさに、弱安定性は制約付きマッチング問題における、"正しい"安定性といってよいでしょう。

5.3.3　制約構造の一般化

　今回分析した弱安定性と強安定性に関する命題は、もっと一般的な制約構造のもとでも成立します。n を病院の数とすると、制約構造は、一般的に

$$f : \mathbb{Z}^n \to \{0, 1\}$$

という関数で表現できます。これは、「各病院に配属される研修医の人数」を表す n 次元ベクトルを入力すると、1（実行可能）または 0（実行不可能）を返す関数です。例えば病院が A、B、C の3つあり、そこに配属される研修医の人数が、それぞれ4人、5人、3人だとします。この配属が制約構造上、実行可能ならば

$$f(4, 5, 3) = 1$$

となりますし、実行不可能ならば

5）制約のない通常のマッチング問題においては、Balinski and Sönmez（1999）が安定性を実行可能性以外の3つの条件で特徴づけています。したがってこの結果は、彼らの結果を制約付きマッチングでも成立するように一般化したものだと言えます。

104

$$f(4, 5, 3) = 0$$

となります。この f を**制約関数**（constraint function）と呼びます。制約関数を使うことで、配属人数のみを制限する制約構造であれば、どんなものでも表現できます[6]。制約関数には、**遺伝性**（heredity、下向きに閉じている［downward closed］などとも呼ばれる）という性質を課すことが多いです。制約関数 f が**遺伝的**であるとは、配属人数のベクトル $w \in \mathbb{Z}^n$ と $w' \in \mathbb{Z}^n$ について、

$$f(w') = 1 \text{ かつ } w \leq w'$$

ならば

$$f(w) = 1$$

であることをいいます。つまり、配属人数ベクトル w' が実行可能なら、それ以下の人数しか各病院に割り当てないような配属方法 w もまた実行可能である、ということです。地域上限など、配属される人数の上限だけを定める制約の場合、遺伝性は妥当な仮定でしょう。遺伝性を満たす制約構造としては、他にも次のようなものが考えられます。

- 階層構造（ヒエラルキー）を持つような制約構造。例えば都道府県ごとの地域上限に加えて、「関東地方」、「東北地方」、「中部地方」などの地方ごとにも「地方上限」があり、それも満たさなければいけないような制約構造。
- 地域上限などに加えて、「麻酔科」、「皮膚科」、「眼科」、「放射線科」など研修医が専攻する専門コースごとに定員（上限）があり、それを満たさなければいけないような制約構造。

これらの例に限らず、一般に人数の上限だけを定める制約は遺伝性を満た

6）第6章で扱う、配属される人の属性に応じて配属可能な人数が変化するような制約は、この関数では表現できません。詳しくは第6章を参照してください。

します。そして、遺伝性を満たすようなすべての制約構造について、これまで述べてきた命題と定理が成立します[7]。実際、地域上限に限らず、遺伝性を満たすようなどんな制約構造のもとでも、弱安定マッチングは常に存在します。また、弱安定性は、遺伝性を満たすどのような制約構造のもとでも、制約付き効率性を満たし、定理10の4つの規範的条件によって特徴づけることができます。弱安定性は、日本の研修医マッチング問題だけに使える概念ではなく、多くの制約付きマッチング問題における安定性の定義として使うことができるのです。詳しくは Kamada and Kojima（2017）を参照してください。

　現実には、配属する人数の上限だけではなく、（アファーマティブ・アクションなどの）下限を定める制約もあるかもしれません。しかし、例えばこの病院には最低でも m 人以上配属されなければならない、という制約を考えると、問題は途端に難しくなります。個人合理性を満たすことが難しくなるからです。実際、個人合理性と実行可能性を満たすようなマッチングが存在しない例は簡単につくることができます。例えば「病院 A には最低でも1人以上割り当てなければならない」という制約と「研修医の誰も病院 A を受け入れ可能ではない」という選好を考えれば、制約構造を満たしつつ個人合理性を満たすことは不可能だとすぐにわかります。下限制約なども含む、より一般的な制約構造を持つマッチングを考える際には、**離散凸解析（discrete convex analysis）** と呼ばれる手法を使うのが有効であることが最近わかってきています。離散凸解析と、そのゲーム理論やマッチング理論への応用に関心のある方は田村（2009）や Kojima, Tamura, and Yokoo（2018）などを参照してみてください。

5.4　おわりに

　この章では、制約付きマッチングにおいて安定性をどのように定義すればよいかを考えました。弱安定マッチングは、制約付きマッチング問題におい

7）ただし、より一般的な環境では FDA メカニズムが使えない場合があるので、命題5は除きます。どのような制約構造のもとで FDA が有効であるかについては Kamada and Kojima（2018）が詳しく調べています。

ても常に存在することがわかりました。また、弱安定マッチングは制約付き効率性を満たし、4つの標準的な規範的性質を満たす唯一の条件だということもわかりました。弱安定性という、マッチングの望ましい性質は、日本の研修医マッチング問題だけでなく、より広範な制約付きマッチング問題において使える、まさに "正しい" 安定性の概念であることがわかりました。

参考文献

［1］田村明久（2009）『離散凸解析とゲーム理論』朝倉書店

［2］Balinski, Michel and Tayfun Sönmez（1999）"A Tale of Two Mechanisms: Student Placement," *Journal of Economic Theory*, 84, pp.73-94.

［3］Kamada, Yuichiro and Fuhito Kojima（2012）"Stability and Strategy-Proofness for Matching with Constraints: A Problem in the Japanese Medical Match and Its Solution," *American Economic Review Papers and Proceedings*, 102(3), pp.366-370.

［4］Kamada, Yuichiro and Fuhito Kojima（2015）"Efficient Matching under Distributional Constraints: Theory and Applications," *American Economic Review*, 105(1), pp.67-99.

［5］Kamada, Yuichiro and Fuhito Kojima（2017）"Stability Concepts in Matching under Distributional Constraints," *Journal of Economic Theory*, 168, pp.107-142.

［6］Kamada, Yuichiro and Fuhito Kojima（2018）"Stability and Strategy-Proofness for Matching with Constraints: A Necessary and Sufficient Condition," *Theoretical Economics*, 13(2), pp.761-794.

［7］Kamada, Yuichiro and Fuhito Kojima（2024）"Fair Matching under Constraints: Theory and Applications," *Review of Economic Studies*, 91(2), pp.1162-1199.

［8］Kojima, Fuhito, Akihisa Tamura and Makoto Yokoo（2018）"Designing Matching Mechanisms under Constraints: An Approach from Discrete Convex Analysis," *Journal of Economic Theory*, 176, pp.803-833.

第 **6** 章

複雑な制約のもとで
公平なマッチングを考える

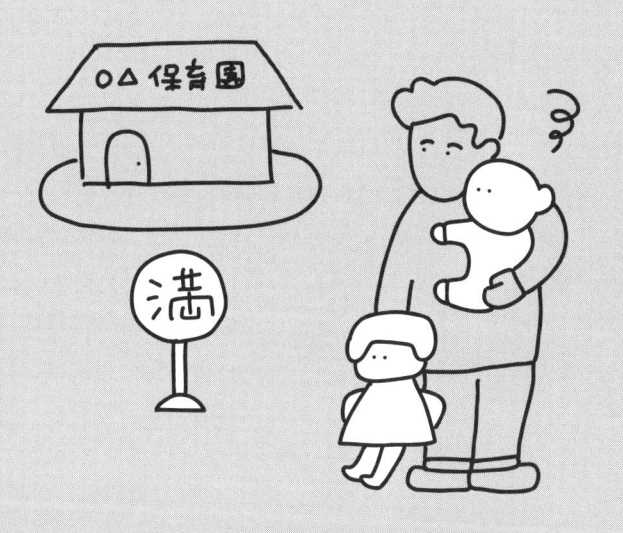

6.1 待機児童問題と制約付きマッチング

2016年2月、「保育園落ちた日本死ね！！！」「どうすんだよ私活躍出来ねーじゃねーか」という印象的なフレーズとともに匿名ブログに投稿された記事をきっかけに、日本では待機児童問題が大きな話題を呼びました[1]。保育園に子どもを預けることができなければ、二人親家庭でも両親のどちらかは仕事をやめなければならない可能性もあるなど、多くの人々にとって日本の状況は深刻なものでした。あれから8年ほど経ち、待機児童の問題はだいぶ改善されましたが、未だに、保育園に子どもを預けるためには「保活」という時間的にも精神的にも大きなコストを伴う活動をする必要があり、問題が完全に解決したとはいえません。

「子どもをどの保育園に預けるか」という問題は、典型的な多対一マッチングのように見え、実際にマッチングアルゴリズムが実務で使われている分野でもあります。しかし、保育園マッチングには、これまでの理論では扱えない、複雑な制約条件が課されていることが多いです。例えば、同じ保育園でも、「3歳の児童は20人まで受け入れられる」が「0歳児は3人までしか受け入れられない」といった制約が課されています。このような制約は、人数の上限のみを制約とする多対一マッチングでは表現できません。また、前章で扱った地域上限のような制約とも本質的に異なります。保育園マッチングに課された制約は、単純な人数ではなく、児童のタイプ・属性に応じて、受け入れの上限が決まるような制約です。このような複雑な制約は、実は保育園以外にも、世の中のさまざまなマッチング問題に課されています。この章では、保育園マッチングのような、複雑な制約が課されたマッチング問題を分析します。そして、待機児童問題などに対するより良い解決策を理論的に考察していきます。

---

1) https://anond.hatelabo.jp/20160215171759

6.2　モデル

　典型的な例である、学生と学校の制約付きマッチングを考えます。有限人の学生の集合を I、有限個の学校の集合を S で表します。これまでと同様、各学生 $i \in I$ は $S \cup \{\emptyset\}$ 上に選好 $>_i$ を持ちます。この $\emptyset$ は「S 内のどの学校ともマッチしない」ことを表す選択肢（outside option）のことでした。各学校 $s \in S$ は、I 上に優先順位 $>_s$ を持ちます。この章では、特に S の要素として保育園や学校を考えるので、学生や児童への好みを持つというよりは、何らかのルールに基づく**優先順位（priority）**を持つと解釈します。例えば多くの保育園は、各児童に対して、家庭の状況（共働きかどうかなど）をもとに、自治体が定めたルールに従って点数をつけ、その点数に応じてどの児童を優先的に受け入れるかを決めます。また、大学などは各学生に対して高校の内申点や入学試験の点数に応じた優先順位を持つことが多いです。

　この章では無差別を許さない選好順序（>）しか扱いませんが、次の記号を導入しておくと今後の記述がシンプルになります。学校 $s, s' \in S$ について、$s >_i s'$ または $s = s'$ が成り立っているとき、$s \geq_i s'$ と書き、学生 $i, j \in I$ について、$i >_s j$ または $i = j$ が成り立っているとき、$i \geq_s j$ と書くことにします。

6.2.1　一般上限制約

　各学校は、法律などにより、なんらかの制約を課されています。学校 s にとって「実行可能な学生の割り当て方（集合）」をすべて集めた集合を $\mathcal{F}_s \subseteq 2^I$ とし、$\mathcal{F}_s \neq \emptyset$ を仮定します[2]。つまり、なんらかの学生の集合 $I' \subseteq I$ が、学校 s にとって実行可能ならば $I' \in \mathcal{F}_s$ であり、実行不可能ならば $I' \notin \mathcal{F}_s$ となります。この記号 $\mathcal{F}_s$ によって学校 s に課された制約を過不足なく表すことができます。マッチング μ が**実行可能（feasible）**であるとは、すべての学校 $s \in S$ について、$\mu(s) \in \mathcal{F}_s$ となることと定義します。

2）記号 2^I は、I の部分集合をすべて集めた集合です。つまり、あらゆる「学生の割り当て方」がこの集合には含まれています。

　第5章で考えた制約関数 $f : \mathbb{Z}^n \to \{0, 1\}$ と似ていますが、本質的に異なる点が2つあります。制約関数は、割り当てる人数のみを入力として実行可能か否かを決める関数ですが、この章で考える制約 $\mathcal{F}_s$ は、人数だけでなく、個人の属性も考慮できます。例えば、保育園マッチングには、「3歳の児童は4人まで受け入れ可能だが1歳の児童は1人までしか受け入れ可能でない」というような制約が課されています。このように、人数だけでは実行可能かわからないような制約も、$\mathcal{F}_s$ なら表現できます。もう1つ異なる点は、第5章で考えた制約関数 f が複数の学校（病院）に同時に関わる制約を表すのに対して、ここで考える制約 $\mathcal{F}_s$ は個々の学校 s ごとに独立に定められていることです。研修医マッチングでは地域上限があったため、病院間の人数調整が重要でしたが、今回はそのような問題を考慮する必要はありません。つまり、今回考える制約は、第5章で考えた制約関数の一般化でもありませんし、特殊ケースでもありません。

　この章では、$\mathcal{F}_s$ で表現できる制約のなかでも、次の条件を満たすクラスに着目します。学生の集合 $I' \subseteq I$ と $I'' \subseteq I$ について、もし

$$I' \in \mathcal{F}_s \text{ かつ } I'' \subseteq I' \text{ ならば } I'' \in \mathcal{F}_s$$

が成り立つとき、制約 $\mathcal{F}_s$ は**一般上限制約**（general upper-bound）であるといいます（Kamada and Kojima 2024）。つまり、学生の集合 I' を学校 s に割り当てることができるなら、I' のどんな部分集合も s に割り当てられるということです。これは、各病院について人数の上限のみを定める通常の制約（capacity constraint）を一般化したものです[3]。

人数制約　ある整数 $q \geq 0$ が存在し、$|I'| \leq q$ ならば $I' \in \mathcal{F}_s$ が成り立つとき、$\mathcal{F}_s$ を人数制約（capacity constraint）といいます。これは明らかに一般上限制約の一種です。

3）第5章で出てきた遺伝性（heredity）と似ています。ですが、この節で説明したように制約の定式化が違うので論理的な関係はありません。

6.2.2　一般上限制約の例

先ほど言及した人数制約に限らず、現実のマッチング問題に課されている制約は、一般上限制約で表現できることが多いです。いくつか例を見てみましょう。

● **多様性への配慮（タイプ別上限）**　学校選択において、入学する学生の人種の多様性や性別のバランスが考慮されることがあります。例えば学校全体の定員は100人でも、男子と女子がそれぞれ70人までしか入学できない、というような制約が考えられます。このような制約は、各学生の属性ごとに入学できる人数の上限を定めることでモデル化できます（例えば Abdulkadiroğlu and Sönmez 2003）。このような制約を**タイプ別定員**（**type-specific quotas**）といいますが、これは明らかに一般上限制約の一種です。

● **障がいがある学生の受け入れ制約（予算制約）**　なんらかの障がいがある学生は、学校生活を送るために追加的な費用を必要とする場合があります。例えばオックスフォード大学のウェブサイトには、障がいのある学生を対象とするさまざまな施設や設備、金銭的な支援を用意している点が紹介されています（University of Oxford 2022）。同じウェブサイト上で、大学入試においては「志願者の純粋な学力と潜在能力を評価し、障がい者を差別することはない」というメッセージを表明している一方で[4]、障がいのある学生をサポートするための資金や人員、エレベーターやスロープなどの設備は簡単には増やせないので、実際にはなんらかの上限制約が課されなければなりません。このような制約は、次のように定式化できます。各学生 $i \in I$ にはコスト $c_i \in \mathbb{R}_+$ があると考えま

---

[4]　オックスフォード大学のこのメッセージから、大学は学生間の「公平性」を尊重していることがわかります。実際に、障がいを理由に他の学生との扱いを変えるのは差別ともいえるでしょう。学校や保育園など、公的なマッチングでは特に「公平性」が求められることが多いです。このあとの節で私たちが"望ましい"マッチングを考える際にも「公平性」を重視する立場をとります。

す。大学 $s \in S$ の持つ予算 $b_s \in \mathbb{R}_+$ が存在し、

$$\mathcal{F}_s = \left\{ I' \subseteq I : \sum_{i \in I'} c_i \leq b_s \right\}$$

と書けるとき、$\mathcal{F}_s$ は**予算制約**（budget constraint）であるといいます。障がいのある学生の人数を一律に制限することはしないが、予算には限りがある、という制約を表現しています。これも通常の人数制約ではありませんが、一般上限制約の一種です。なぜなら

$$I'' \subseteq I' \text{ かつ } I' \in \mathcal{F}_s$$

が成り立っているなら

$$\sum_{i \in I''} c_i \leq \sum_{i \in I'} c_i \leq b_s$$

が成り立つからです。

　ちなみに、予算制約で扱えるのは身体的障がいとは限りません。例えば日本人が海外の大学に留学する際に、追加的に英語の授業を受けることがありますが、これは英語の運用能力についての障がいをサポートするための措置と考えることができ、留学生を受け入れる大学は予算や設備についての制約を考慮する必要があります。

●**いじめを防ぐための制約**　言うまでもなく、いじめは学生の学習環境や生活環境にネガティブな影響を与えます。Kasuya（2016）は、学校選択を行う際に、いじめの加害者と被害者を同じ学校に通わせないようにすることで、いじめ問題を緩和する方法を提案しています。このような学校選択の問題は、次のようにモデル化できます。いじめの関係を二項関係 $B \subseteq I \times I$ で表し、i が加害者で j が被害者であるとき $(i, j) \in B$ と表すことにします。「加害者と被害者のペアを同じ学校にマッチさせない」という制約は

$$\mathcal{F}_s = \{ I' \subseteq I : (i, j) \in B \Longrightarrow \{i, j\} \nsubseteq I' \}$$

と書くことができます。これも一般上限制約の一種です。実際、もし $I' \in \mathcal{F}_s$ なら、加害者と被害者のどんなペアも I' に含まれていないの

で、I' の任意の部分集合 $I'' \subseteq I'$ もそのようなペアを含みません。

6.2.3　一般上限制約ではない制約の例

　もちろん、この世のすべての制約が一般上限制約で表せるわけではありません。一般上限制約ではないけれど、典型的な制約の例を 2 つほど紹介します。

● **下限を定める制約**　教育効果を高めるためや、単に営利上の観点から、大学が一定の人数以上の学生を入学させたいと考えるのは自然なことです。「一定の人数以上を必ず入学させる」ことを要求する制約は、**下限制約（floor constraint）** と呼ばれます。下限制約とは、各大学 $s \in S$ の制約 $\mathcal{F}_s$ について、ある整数 $q \geq 1$ が存在して、任意の学生の部分集合 $I' \subseteq I$ について

$$I' \in \mathcal{F}_s \Longleftrightarrow |I'| \geq q$$

が成り立つような制約です（Ehlers et al., 2014; Fragiadakis et al., 2016; Fragiadakis and Troyan, 2017）。これは一般上限制約ではありません。$\mathcal{F}_s$ が一般上限制約だとすると、明らかに $\emptyset \in \mathcal{F}_s$ でなければなりませんが、$|\emptyset| = 0 < q$ だからです。

● **比例的制約**　マッチング市場において、学生や労働者の多様性を確保すること、つまり、学生や労働者のタイプの「バランス」を考慮することもまた、普遍的な要求の 1 つと言ってよいでしょう。例えば、2003 年のマサチューセッツ州ケンブリッジ地区の学校選択制度では、社会経済的地位（Socio-Economic Status）の低い世帯出身の学生の比率を、その地区に住む社会経済的地位の低い世帯の比率に近づけるよう定められていました（Nguyen and Vohra, 2019）。このような制約を **比例的制約（proportionality constraint）** と呼びますが、これは一般上限制約ではありません。例えば、「男女の比率を同じにしなければならない」という比例的制約を考えてみましょう。定員が 100 だとすると、「男性 50 人、女性 50 人」というマッチングはその制約を満たすので、実行可能です。

もしこれが一般上限制約なら、その部分集合である「男性20人、女性50人」というマッチングも実行可能でなければなりませんが、これは明らかに「男女の比率を同じにしなければならない」という比例的制約を満たしていません。

このように、すべての制約が一般上限制約であるとは限りませんが、本章では一般上限制約の性質と現実の具体的な事例を考えていきます。なぜなら一般上限制約は、保育園マッチングにおける制約や予算制約などの、きわめて多くの事例を含む重要なクラスだからです。そしてまた、理論的にも興味深い性質を持っているからです。

6.3 公平マッチング

「一般上限制約を課されたマッチング問題において"望ましい"マッチングとは何か」という問いを考えていきます。実は、一般上限制約のもとでは、安定マッチングの存在は保証されません。このことを確認するために、まず、安定性の定義を分解してみましょう。

6.3.1 安定マッチングの定義の分解と非存在

実行可能なマッチング μ が

（ⅰ）個人合理的であり、
（ⅱ）ブロックするペアが存在しない

ならば、μ は**安定マッチング**（stable matching）である、というのでした。(ⅱ)の「ブロックするペアが存在しない」という条件は、さらにある種の公平性と効率性の条件に分解できます。

●**公平性**　学生 $i \in I$ と $j \in I$ について、

$$\mu(j) >_i \mu(i) \tag{6.1}$$

$$\mu(j) = s \text{ かつ } i >_s j \qquad (6.2)$$

を満たす大学 $s \in S$ が存在するとき、i は j に対して**正当な羨望**（**justified-envy**）**を持つ**といいます。そして、マッチング μ に、正当な羨望を持つ学生がいないとき、μ は**公平**（**fair**）であるといいます。

　条件 (6.1) は、i がいまのペア $\mu(i)$ よりも、j のペア $\mu(j)$ を好んでいて、j を羨ましいと思っていることを表しています。条件 (6.2) は、大学 $s = \mu(j)$ もまた、i を j よりも好む（i の方が j より優先順位が高い）ことを表しており、i の持つ羨望が正当であることを意味しています。公平性は、このような正当な羨望を持つ学生が存在しないことを要求する条件です。

● **効率性**　次の条件を満たす学生と大学のペア $(i, s) \in I \times S$ が存在しないとき、マッチング μ には**無駄がない**（**non-wasteful**）といいます。

$$s >_i \mu(i) \text{ かつ } \mu(s) \bigcup \{i\} \in \mathcal{F}_s$$

これはある種の効率性の条件であり、「大学の定員に空きがあるにもかかわらず入学を希望する学生を受け入れない事態が生じないこと」を要求します。

　ここで定義した公平性や効率性は、安定マッチングの定義の(ii)「ブロックするペアが存在しない」という条件を分解し、書き直しただけのものです。また、これらの条件はミクロ経済学における標準的な規範的条件で、マッチング理論以外の分野でもよく扱われます。このように定義を分解しておくと、次の例に安定マッチングが存在しないことがすぐにわかるようになります。

　1 つの大学 A と11人の学生 1、2、…、11 のマッチングを考えてみましょう。大学は予算制約に直面していて、予算は $b_A = 10$ だとします。学生10を入学させると $c_{10} = 2$ の費用がかかり、学生 $i = 1, 2, \cdots, 9, 11$ については $c_i = 1$ の費用がかかるとしましょう。選好は表6.1の通り、どの学生も大学 A に入学することを希望しています。また、番号の若い学生ほど大学 A に

117

表6.1 安定マッチングが存在しない例

1	2	3	4	5	6	7	8	9	10	11		A
A	A	A	A	A	A	A	A	A	A	A		1
$\emptyset$	$\emptyset$	$\emptyset$	$\emptyset$	$\emptyset$	$\emptyset$	$\emptyset$	$\emptyset$	$\emptyset$	$\emptyset$	$\emptyset$		2
												$\vdots$
												11
												$\emptyset$

入る優先順位が高い状況を考えます。

　表6.1の例では、安定マッチングが存在しないことを確認しましょう。まず、誰も入学させないことは効率性に反します。また、優先順位の低い学生が入学できるのに、優先順位の高い学生が入学できない状況は公平性に反します。例えば、学生3が入学するのに、学生1が入学しないのは、公平性に反します。この点に注意すると、原則として、番号の若い順に学生を入学させていかなければならないことがわかります。それでは、例えば

$$\mu(A) = \{1, 2, 3, 4, \cdots, 10\}$$

というマッチングが安定マッチングかどうか考えてみましょう。これは確かに公平で効率的ですが、学生10を受け入れるのに必要な費用は2なので、費用の合計が11となり、実行不可能です。では

$$\mu(A) = \{1, 2, 3, 4, \cdots, 9\}$$

というマッチングはどうでしょうか。これだと、入学を希望する学生11を入れても予算制約は満たされたままなので、予算を余らせています。つまり、効率性に反します。では、

$$\mu(A) = \{1, 2, 3, 4, \cdots, 9, 11\}$$

とするとどうでしょうか。このとき、学生10は11に対して正当な羨望を持ちます。なぜなら、学生10は11の代わりに入学したいと考えていますし、優先順位も11より高いからです。よってこれは公平性を満たさないのです。こうしてみると、どのようなマッチングを考えても、予算制約を満たしつつ、公

平性と効率性を満たせないことがわかっていただけると思います。したがって、この例には安定マッチングが存在しないのです。予算制約というと、日常的によく見られる普通の制約条件に思えますが、予算制約のもとでは、こんなに簡単に安定マッチングが存在しない例をつくることができてしまいます。

6.3.2　公平マッチングの定義と存在

　一般上限制約は、予算制約をはじめ、保育園マッチングや学校選択制におけるさまざまな制約を含む重要なクラスです。しかし、一般上限制約のもとでは安定マッチングが必ずしも存在しないという、困ったことがあると判明してしまいました。保育園マッチングなどの一般上限制約が課されたマッチング問題の解決法を提案するには、一般上限制約のもとでも常に存在するような「望ましい」マッチングの定義を考えなければなりません。

　先ほど、「ブロックするペアが存在しない」という条件を、「効率性」と「公平性」の2つの条件に分解しました。実は、「効率性」をあきらめれば、一般上限制約のもとでも存在が保証されます。つまり、安定マッチングの条件から、効率性に関する条件（non-wastefulness）だけを除いたものを定義します。実行可能なマッチング μ が個人合理性と公平性を満たすとき、それを**公平マッチング**（fair matching）と呼ぶことにしましょう。

　では、公平マッチングを「望ましい」マッチングの定義として採用してもよいのでしょうか。実は、そうとは言えません。まず、一般上限制約のもとで公平マッチングが常に存在することを簡単に確認します。「どの大学も、誰も入学させない」というマッチング μ を考えてみましょう。つまり、どの学校 $s \in S$ についても、

$$\mu(s) = \emptyset$$

が成り立ちます。とんでもなく非効率的なマッチングですが、これは公平で、個人合理的で、実行可能です。実際、マッチング μ においては、誰も入学していないので、誰も誰に対しても正当な羨望を持ちません。また、誰も入学していないので、当然に個人合理性を満たします。そして、一般上限制約のもとでは、どの大学 s についても $\emptyset \in \mathcal{F}_s$ を満たすはずなので、実

行可能です。よってマッチング μ は公平マッチングです。

　これが、公平マッチングを、「望ましい」マッチングの定義としてそのまま採用できない理由です。つまり、「常に存在すること」を求めて定義を弱めたことで、「明らかに望ましくなさそうなもの」を除外することができなくなってしまったのです。第5章で扱った問題と同じようなことが起きたわけです。

6.3.3　学生最適公平マッチング

　単に公平であるだけでは、望ましさの基準としては使えない、ということがわかりました。それでは、「公平なものたちのなかで、学生たちにとって最も望ましいもの」を考えるのはどうでしょうか。

> マッチング μ が、
> 　（1）実行可能であり、
> 　（2）個人合理性と公平性を満たし、
> 　（3）（1）と（2）を満たすどのマッチング μ' についても、すべて
> 　　　　の学生 $i \in I$ について、
> $$\mu(i) \succeq_i \mu'(i)$$
> を満たすとき、μ を**学生最適公平マッチング**（Student Optimal Fair Matching; SOFM）と呼ぶ。

つまり、学生最適公平マッチングとは、公平マッチングのなかですべての学生にとっての利益を（同時に）最大にするマッチングのことです。次の節では、学生最適公平マッチングが、必ず存在することを示します。

6.4　学生最適公平マッチングの特徴づけと存在証明

　複雑な制約のない通常のマッチング理論では、安定マッチングの存在を証明するために、DA アルゴリズムを用いたことを思い出してください。ここでも同様に、あるアルゴリズムを定義し、その帰結が必ず学生最適公平マッチング（SOFM）であることを示すことによって、SOFM が常に存在する

ことを示します。SOFM を見つけるためのアルゴリズムは**カットオフ調整アルゴリズム**（cutoff adjustemt algorithm; CA algorithm）といいます。CA アルゴリズムは、見た目はややこしいのですが、市場均衡理論における価格調整プロセスと似た、直感的なものです。まずは数学的な定義を述べ、あとから解釈を説明していきます。

6.4.1　カットオフと需要

各学校 $s \in S$ の持つ優先順位 $>_s$ のうち、下から何番目までを切り捨てるかを決める整数を**カットオフ**（cutoff）と呼びます。カットオフは各学校の足切りラインのようなものであり、市場の価格調整プロセスにおける価格のような役割を果たします。すべての学校についてカットオフを並べたものをカットオフプロファイル $p = \{p_1, p_2, \cdots, p_{|S|}\}$ と呼び、すべてのカットオフプロファイルが含まれる集合を

$$P := \{1, 2, \cdots, |I|, |I|+1\}^s$$

で表します。ただし、この集合には、どの 2 つのプロファイル $p, p' \in P$ についても

$$p \leq p' \Longleftrightarrow p_s \leq p'_s \quad \forall s \in S$$

という半順序 $\leq$ が定義されているとします[5]。例えば $p = (3, 5, 1)$ と $p' = (4, 5, 2)$ というカットオフプロファイルの大きさを比べてみると、すべての学校のカットオフについて p' のほうが大きいか等しいので、$p \leq p'$ が成り立ちます。このように、何らかの半順序が与えられた集合を**半順序集合**（partially ordered set）と呼びます。半順序集合であることを明示するために $(P, \leq)$ と書くこともあります。

次に、各学校 $s \in S$ の優先順位 $>_s$ において下から ℓ 番目の学生を $i^{(s, \ell)}$ と書くことにします。例えば、$i^{(s, 1)}$ は、学校 s にとって最下位の学生を表し、$i^{(s, |I|)}$ は、最も好ましい学生を表します。ここで、すべての学校 s につ

5）P 上の任意の 2 つの要素の大きさを比べられるわけではない（完備ではない）ので、この $\leq$ は半順序（partial order）です。例えば、$p = (4, 1, 7)$ と $p' = (3, 5, 2)$ については $p \leq p'$ も $p \geq p'$ も成り立ちません。

いて、仮想的な学生 $i^* = i^{(s,|I|+1)}$ を定義し、学校の持つ優先順位のドメインを $I \bigcup \{i^*\}$ に拡張します。つまり、i^* とは、すべての学校 $s \in S$ とすべての学生 $i \in I$ について、

$$i^* >_s i$$

となるような仮想的な学生です。この仮想的な学生 i^* はアルゴリズムをうまく定義するために便宜上用意したものなので、いまはあまり気にしなくても大丈夫です。

これらの準備のもとで、カットオフプロファイル $p \in P$ が与えられたときの、学校 $s \in S$ の"需要"を次のように定めます。

$$D_s(p) = \{i \in I \mid i \geq_s i^{(s,p_s)} \text{ and } s >_i \emptyset ; i \geq_{s'} i^{(s',p_{s'})} \Longrightarrow s \geq_i s'\}.$$

解釈しましょう。定義の前半部分「$i \geq_s i^{(s,p_s)}$」は、学生 i が下から p_s 番目以上には好まれていることを表しています。つまり、下から p_s-1 番目までを切り捨てたあとの優先順位のリストに i が載っていることを表しています。足切りラインを越えているということです。また、「$s >_i \emptyset$」は、この学校 s は i にとって受け入れ可能であることを意味しています。後半部分は、i が他の学校 $s' \in S$ の足切り済みの優先順位リストにも載っているなら、s は i に最も好まれている学校である、ということを表しています。つまり、需要 $D_s(p)$ は、p によって切り捨てられた学校の優先順位リストに載っている学生のうち、s のことを受け入れ可能かつ最も好んでいる者たちをすべて含む集合です。各学生 i は、足切りラインさえ越えていれば、受け入れ可能かつ自分が最も好きな学校 s の需要 $D_s(p)$ に必ず含まれることに注意してください。

次に、関数 $T : P \to P$ を

$$T_s(p) = \begin{cases} p_s+1 & \text{if } D_s(p) \notin \mathcal{F}_s \\ p_s & \text{if } D_s(p) \in \mathcal{F}_s \end{cases}$$

と定義します[6]。この関数 T を**カットオフ調整関数**(cutoff adjustment function; CA function)と呼びます。関数 T は、カットオフプロファイル $p \in P$ に対して、各学校 s の需要 $D_s(p)$ が実行不可能ならカットオフの値を

1増やし、実行可能なときは何もしません。カットオフが1増加するということは、学校sの優先順位リストが追加的に1つ切り捨てられるということです。つまり、足切りラインがちょっと上がる、ということです。この関数の挙動は、通常の市場における価格調整プロセスに似ています。価格調整プロセスでは、需要を満たすことができない場合、価格をちょっと上げて、希望する財の数をちょっと減らしてもらうことによって、需要量を調整しようとします。同様に、カットオフ調整関数Tも、各学校sの需要を満たすことができない場合、カットオフをちょっと増やして、学校sが希望する学生の集合をちょっと小さくしてもらうことによって、需要量を調整します。ただし、価格調整プロセスと異なり、需要が小さくなりすぎたときにカットオフを減らす、というような動作はしません。関数Tの定義より、あるカットオフプロファイル$p \in P$において、もしすべての学校sの需要について$D_s(p) \in \mathcal{F}_s$が成り立つなら、Tはカットオフを何も変化させないので、$T(p) = p$となります。このように関数の入力と出力が一致する点pを、関数の**不動点**（fixed point）と言います。

　各カットオフプロファイル$p \in P$に対して、需要D_sによって定まるマッチングをμ^pと書くことにします。つまり、マッチングμ^pにおいて各学校sがマッチしている相手は

$$\mu^p(s) = D_s(p)$$

としてμ^pを定義します。これで、最適公平マッチングの存在証明を行うための記号の準備が整いました。まずは、Tの不動点によって公平マッチングが特徴づけられることを示します。

6.4.2　公平マッチングの特徴づけと最適公平マッチングの存在

> **定理11.**　（i）もしカットオフプロファイル$p \in P$が関数Tの不動点
>   ならば、μ^pは実行可能で、個人合理的で、公平性を満たす。
>   （ii）あるマッチングμが実行可能で、個人合理的で、公平ならば、

6）ただし、$(|I|+1)+1 = 1$とします。これは、Tの値域がPに収まるようにするためです。また、$T(P) = (T_1(P), T_2(P), \cdots, T_{|I|+1}(P))$です。

> 関数 T の不動点となるカットオフプロファイル $p \in P$ が存在して $\mu = \mu^p$ が成り立つ。

(i)の証明 カットオフプロファイル p が T の不動点であると仮定します。つまり、$T_s(p) = p$ がすべての $s \in S$ について成立しています。ということは、$\mu^p(s) = D_s(p) \in \mathcal{F}_s$ がすべての学校について成立している（μ^p が実行可能である）ことがわかります。また、定義より $D_s(p)$ のなかには、s のことを受け入れ可能な学生しか含まれていないことから、μ^p が個人合理性を満たすこともすぐにわかります。

最後に、公平性を満たすことを確認します。「自分よりも優先順位の低い学生が、自分が入学したかったのに入学できなかった学校に入ってしまう」という状況が生じないことを確認すれば十分です。まず、$D_s(p)$ の定義より、s の優先順位において下から p_s 番目以上の学生は、入ろうと思えば誰でも学校 s に入学することができるはずです。もし、p_s 番目以上なのに s に入学していないなら、他の学校のほうが好きだということになります。したがって D_s の定義より、$i >_s i'$ であるような $i, i' \in I$ が存在して、$i \notin D_s(p)$ なのに $i' \in D_s(p)$ ならば、i は別の学校 s' の需要 $D_{s'}(p)$ に入っていて、$s' >_i s$ が成り立っているはずです。よって i が i' のことを羨ましいと思うことはありません。したがって μ^p は公平性を満たします。

証明終わり

(ii)の証明 実行可能で、個人合理的で、公平性を満たすマッチング μ を 1 つ取ってきます。各学校 $s \in S$ についてカットオフを

$$p_s = \begin{cases} \min\{\ell \mid i^{(s,\ell)} \in \mu(s)\} & \text{if } \mu(s) \neq \emptyset, \\ |I| + 1 & \text{otherwise} \end{cases}$$

と定めます。$p_s = \ell$ は、$\mu(s)$ のなかで最も優先順位の低い学生（下から ℓ 番目の学生）までの入学を許可し、それより優先順位の低い学生を足切りするというカットオフになっています。このとき、$\mu^p(s) = D_s(p)$ で定まるマッチングは、μ そのものです。つまり、$\mu^p = \mu$ が成り立ちます。また、μ は実行可能だったので、$T(p) = p$ が成り立ち、T の不動点であることがわか

ります。

証明終わり

　この定理は、実行可能性、個人合理性、そして公平性を満たすマッチングが、カットオフ調整関数の不動点として特徴づけられることを示したものです。しかし、証明を見てもわかる通り、ここではまだ制約条件については何も仮定していません。特に、制約が一般上限制約であることを用いていません。制約 $\mathcal{F}$ が一般上限制約であることを仮定すると、次の結果が得られます。

> **定理12.** すべての学校の制約が一般上限制約ならば、SOFM が存在する。

この定理は、私たちがこの章で分析してきた一般上限制約を課されたマッチング問題において、SOFM（＝学生最適公平マッチング）が必ず存在することを保証してくれます。また、SOFM は公平なマッチングのなかではすべての学生にとって最適であるという意味で、最も無駄のないマッチングであると言えます。

　あとは、これを見つける方法さえわかれば、現実のマッチング問題、例えば待機児童問題の解決にも役立てることができそうです。では、SOFM をどのようにして見つければよいでしょうか。SOFM を見つける方法である CA アルゴリズムを説明するために、**タルスキの不動点定理**（**Tarski's fixed point theorem**）について解説します。

> **定理13（タルスキの不動点定理）.** 半順序集合 $(P, \leq)$ が有限束（finite lattice）であるとする。関数 $T : P \to P$ が弱増加関数（つまり、$p \leq p' \Longrightarrow T(p) \leq T(p')$）ならば、$T$ には不動点が存在し、不動点の集合も有限束となる。特に、最大の不動点と最小の不動点が存在する*。
>
> ───────────────
>
> *正確に言うと、これはタルスキの不動点定理の特殊ケースです。一般に、タルスキの不動点定理は有限束よりも一般性の高い完備束上の関数について

> 成立します。

タルスキの不動点定理はマッチング理論で大活躍する定理の１つですが、馴染みのない方も多いと思います。まず、束（lattice）について説明しましょう。半順序集合 $(P, \leq)$ が**束**（**lattice**）であるとは、任意の $p, p' \in P$ について、$\inf\{p, p'\} \in P$ と $\sup\{p, p'\} \in P$ が成り立つことを言います。$\inf\{p, p'\}$ とは、p と p' 以下の要素のなかで最大の要素です。つまり、$\inf\{p, p'\}$ とは p と p' の「すぐ下」の要素のことです。例えば $p = (2, 1, 6)$ と $p' = (1, 3, 4)$ の「すぐ下」の要素は

$$\inf\{p, p'\} = (\min\{2, 1\}, \min\{1, 3\}, \min\{6, 4\}) = (1, 1, 4)$$

となります。一方、$\sup\{p, p'\}$ とは、p と p' 以上の要素のなかで最小の要素です。つまり、$\sup\{p, p'\}$ とは p と p' の「すぐ上」の要素のことです。例えば $p = (2, 1, 6)$ と $p' = (1, 3, 4)$ の「すぐ上」の要素は

$$\sup\{p, p'\} = (\max\{2, 1\}, \max\{1, 3\}, \max\{6, 4\}) = (2, 3, 6)$$

となります。この章で定義したカットオフプロファイルの半順序集合 $(P, \leq)$ は明らかに束の条件を満たします。また、有限個の要素しか含まれていない束を有限束といいますが、

$$P := \{1, 2, \cdots, |I|, |I|+1\}^S$$

と定義していたので、$(P, \leq)$ は有限束です。さらに、カットオフ調整関数 $T : P \to P$ は、一般上限制約のもとでは弱増加関数です。よって、タルスキの不動点定理により、カットオフ調整関数 T には不動点が必ず存在し、不動点たちの集合もまた有限束となることがわかります。実は有限束の場合には、タルスキの不動点を見つける簡単な方法がよく知られており、それをもとに次のような SOFM を見つけるための直感的なアルゴリズムをつくることができます。

CA アルゴリズム（Cutoff Adjustment Algorithm）

●最小のカットオフプロファイル $\underline{p}$ をつくります。

- もし $\underline{p} = T(\underline{p})$ ならアルゴリズムは停止します。$\underline{p} < T(\underline{p})$ なら $p^{(1)} = T(\underline{p})$ を新たなカットオフプロファイルとします。
- もしも $p^{(1)} = T(p^{(1)})$ ならアルゴリズムは停止します。$p^{(1)} < T(p^{(1)})$ なら $p^{(2)} = T(p^{(1)}) = T(T(\underline{p}))$ を新たなカットオフプロファイルとします。
- この手続きを繰り返し続けていくと

$$\underline{p} \leq T(\underline{p}) \leq T(T(\underline{p})) \leq T(T(T(\underline{p})))...$$

を満たすカットオフプロファイル $T^n(\underline{p}) = p^{(n)}$ を見つけることができます。P は有限束の集合なので、この手続きはいつか必ず停止します。初めて停止した点（不動点）を $p^* \in P$ とすると、

$$p^* = T(p^*)$$

が成り立ちます。こうして見つけた p^* は、任意の不動点 $p^{**} \in P$ に対して

$$p^* \leq p^{**}$$

が成り立つことが簡単に示せます[7]。
- カットオフが p^* のときの需要に基づくマッチング μ^{p^*} は、定理11より、実行可能性、個人合理性、公平性を満たします。また、これは不動点のなかで最小のカットオフなので、学生たちにとって最も好ましい公平マッチングになっています（カットオフが最小＝足切りラインが最も低い＝学生にとって最も有利）。つまり μ^{p^*} は SOFM になっています。

定理12より、SOFM という、一般上限制約が課された問題における「望ましいマッチング」が必ず存在することがわかりました。そして CA アルゴリズムという直感的な方法で、それを簡単に見つけることができることもわかりました。

7）なお、ここまでの議論を注意深く読むと、同様の方法によりどんな有限束に対しても最小の不動点を見つけられることがわかります。

6.4.3　インセンティブについて

CA アルゴリズムが耐戦略性を満たしてくれれば嬉しいのですが、残念ながらそこまでは言えません。つまり CA アルゴリズムは、一般には耐戦略性を満たしません。しかし、応用上の重要なケースで、耐戦略的であることがわかっています。

> **命題 7 .** 学校側の優先順位 $>_s$ がすべての学校で共通ならば、CA アルゴリズムは耐戦略性を満たす。

私たちがこの章で念頭に置いてきたのは、保育園と児童のマッチングです。そして、多くの自治体のルールでは、すべての認可保育園は主に保護者の経済状況（共働きかどうかなど）や子育て環境（保護者以外に子育て可能な大人がいるかなど）に応じて設定された共通の優先順位を持ちます。つまり、私たちのモデルの重要な応用先である保育園マッチングにおいては、多くの場合に CA アルゴリズムは耐戦略的であるといえます。この結果は、このあとのシミュレーション分析でも重要な役割を果たします。

6.5　保育園マッチングへの応用とシミュレーション

現行の日本の保育園マッチングの制度には、無駄と不公平感があります。これまで考えてきた SOFM についての理論と、現実のデータに基づくシミュレーション分析によって、日本の保育園マッチングが抱える問題の解決策を考えます。

まず、日本の保育園マッチングにおける制約について説明します。第6.1節で述べたように、現在、日本のほとんどの保育園は「0歳の児童は3人まで」「3歳の児童は20人まで」といった年齢別の人数制約を課しています。しかし、国が定めている実際の制約は異なります。国は認可保育園に対して、年齢ごとに受け入れ可能な児童の数と保育士の数の**比率**のみを定めています。具体的には、保育士1人に対し、0歳の児童なら3人まで、1歳と2歳は6人まで、3歳は20人まで、4歳と5歳の児童は30人まで受け入れ可能

であると定めています[8]。例えば、0歳の児童を6人、1歳と2歳の児童を合計12人、3歳の児童を10人受け入れるには、

$$6\times\frac{1}{3}+12\times\frac{1}{6}+10\times\frac{1}{20}=2+2+0.5=4.5$$

なので、5人の保育士がいれば十分です。一方で、多くの保育園の現場では、「0歳の児童は3人まで、1歳と2歳は合計6人まで、3歳は20人まで」というような硬直的な制約を予め決めたうえで、入園者を募集します。このように年齢別の上限を決めておくと実務上はわかりやすくなりますが、大きな無駄が生じる可能性があります。例えば、実際には3歳の入園希望者が少なく、保育士の手に余裕がある場合でも、0歳の児童は予め決めた枠数である3人までしか受け入れられないことになっています[9]。

　この節では、硬直的な人数制約と、保育園に実際に課されている制約のもとでのマッチング結果をシミュレーションによって比較し、制度を変更することで待機児童数を大きく減らせる可能性があることを説明します。シミュレーションに用いた選好データは山形市の保育園マッチングにおいて実際に申告されたものです。

6.5.1　保育園マッチングのモデル

　まず、国が保育園に課している制約を数式で表現します。児童の年齢の集合を $\mathcal{T}$ とします。日本では $\mathcal{T}=\{0,1,2,3,4,5\}$ です。国が定めた保育士1人に対して担当することが許されている t 歳の児童の人数の逆数を r_t で表します。例えば、保育士1人に対して3歳の児童は20人まで担当可能なので、$r_3=1/20$ です。保育園 s の保育士の数を $m_s\in\mathbb{N}$、入園する年齢 t の児童の人数を $n_t\in\mathbb{Z}_+$ で表すと、

8）児童は年度始めにあたる4月時点での年齢でグループ分けされます。児童の人数と保育園の広さについての制約や、自治体独自の制約もありますが、この章の分析では省略します。

9）鈴木（2018）は、2017年度の日本では約19万人分の空き枠が生じていたと指摘しています。

$$\sum_{t \in \mathcal{T}} r_t n_t \le m_s$$

であれば、受け入れ可能であることがわかります。これを一般的に書くと次のようになります。保育園 s に課された制約 $\mathcal{F}_s$ が**保育園制約**（daycare constraint）であるとは、保育士の人数 m_s と児童の集合のパーティション $I = \bigcup_{t \in \mathcal{T}} I_t$ （$I_t \cap I_{t'} = \emptyset$ if $t \ne t'$）が存在し、任意の $I' \subseteq I$ について

$$I' \in \mathcal{F}_s \Longleftrightarrow \sum_{t \in \mathcal{T}} r_t \cdot |I' \cap I_t| \le m_s \tag{6.3}$$

となることをいいます。保育園制約は明らかに一般上限制約です。なぜなら

$$I'' \subseteq I' \text{ かつ } I' \in \mathcal{F}_s$$

ならば、すべての $t \in \mathcal{T}$ について

$$|I'' \cap I_t| \le |I' \cap I_t| \text{ より、} \sum_{t \in \mathcal{T}} r_t \cdot |I'' \cap I_t| \le \sum_{t \in \mathcal{T}} r_t \cdot |I' \cap I_t| \le m_s$$

が成り立つからです。

実際に自治体が直面している保育士に関する制約が不等式 (6.3) で表現されている保育園制約 $\mathcal{F}_s$ であることは、筆者が自治体に問い合わせ、確認済みです。しかし、日本の多くの自治体自身がマッチング運用に際して便宜的に設定しているのは別の制約です。保育園 s に課された制約 $\mathcal{F}_s$ が、保育園制約 $\mathcal{F}_s$ のもとでの**硬直的制約**（rigid constraint）であるとは、

$$\sum_{t \in \mathcal{T}} r_t q_t \le m_s$$

を満たす年齢ごとの人数制約 $q_t \in \mathbb{N}$ が存在し、任意の $I' \subseteq I$ について

$$I' \in \mathcal{F}_s \Longleftrightarrow \text{各年齢 } t \in \mathcal{T} \text{ について } |I' \cap I_t| \le q_t$$

となることをいいます。硬直的制約もまた、明らかに一般上限制約の1つです（第6.2.2項で説明したタイプ別の上限制約の一種です）。

保育園制約も硬直的制約も一般上限制約ということは、私たちがこの章で構築してきた理論が使えます。定理12より、どちらの制約のもとでも SOFM が存在することがわかります。保育園制約（硬直的制約より柔軟な制約）のもとでの SOFM を flexible SOFM（以下、F-SOFM）、硬直的制約

のもとでの SOFM を rigid SOFM（以下、R-SOFM）と呼ぶことにしましょう。2つの SOFM について、次の結果が成り立ちます。

> **命題8**．児童の集合 I、保育園の集合 S、児童たちの選好 $>_I$、保育園の優先順位 $>_S$、そして任意の保育園制約とそのもとでの硬直的制約について考える。すべての児童が F-SOFM を R-SOFM 以上に好む。つまり、F-SOFM は R-SOFM をパレート改善する。また、F-SOFM でどの保育園にも入れない児童の集合は、R-SOFM でどの保育園にも入れない児童の集合の部分集合となる。

この命題は、直観的にはごく自然かと思います。というのは、硬直的制約は保育園制約よりもより厳しい制約なので児童の希望が叶いにくいからです。

　現行の仕組みである硬直的制約を、より柔軟な保育園制約に緩めることで、すべての児童たちにとって好ましい結果が得られるのです（最悪でも同じ結果になります）。また、制度変更によって保育園に入れなくなる児童が増える可能性も無いことが示せました（基本的には待機児童が減ります）。

　この命題だけでも現実の制度変更を促す根拠になると思いますが、このような数学的な結果だけだと、児童たちにとってどれほど好ましい結果に変わるのか、待機児童が実際にどれほど減らせるのかはわかりません。そこで、データを用いたシミュレーション分析が役立ちます。

6.5.2　シミュレーション分析の結果

　日本の山形市のデータを用いたシミュレーション分析により、F-SOFM と R-SOFM、そして現行の仕組みがどれくらい異なるのか、制度変更により待機児童がどれほど減らせるのかを示しましょう[10]。保育園の数および募集人数、児童（保護者）たちの選好は、2018年4月に提出された実際のデ

---

10) Kamada and Kojima（2024）では、東京都文京区のデータも用いました。山形市と文京区は、人口や共働き家庭の数（保育園への需要）が大きく異なるため、シミュレーションの結果も大きく異なると予想できますが、意外にも、山形市と文京区ではほぼ同じような結果になりました。よってここでは山形市のデータとシミュレーション結果のみを説明します。文京区について Kamada and Kojima（2024）のオンライン付録を参照してください。

ータ用いていますが、いくつか注意点があります。

● 申告された児童（保護者）たちの選好は正直なものだと仮定します。山形市の現行の仕組みでは耐戦略性が満たされているので、この仮定はまずまず妥当だといえそうです[11]。さらに、このあと比較するどのメカニズムのもとでも同じ選好が申告されると仮定します。実際、保育園マッチングにおいて私たちが考察するメカニズムはすべて耐戦略性を満たすので、この仮定もまずまず妥当だといえそうです。

● 各保育園 s に勤務している実際の保育士の数 m_s はデータから直接得ることはできませんでした。データから各保育園の年齢別の募集人数はわかったので、その人数を受け入れるのに必要な最低限の保育士が勤務していると仮定しました。つまり実際の年齢別の募集枠のデータ q_t と r_t を用いて

$$m_s := \sum_{t \in \mathcal{T}} r_t q_t$$

と設定しました。データと整合的な範囲で最低限の保育士がいるとして分析を行ったので、もっと多くの保育士がいる可能性はあります。そのため、制約を柔軟なものに変更する制度改革の結果が、実際にはここで行った分析結果よりも良くなる可能性があります。

● 私たちが得たデータ上の優先順位は同順位を含んでいたので、ランダムに同順位を解消して厳密な優先順位に変換して分析を行いました（実際には同順位はありません）。表やグラフの数値は、ランダムに250回同順位を解消して得られた結果の平均値です。

表6.2は、メカニズムの変更によって、より好ましいマッチング結果を得た応募者の数を並べたものです。まず R-SOFM と F-SOFM の結果を比較してみましょう。R-SOFM から F-SOFM に変更すると、応募者数1437人のうち、平均867.27人（60.35％）が、より好ましい保育園に割り当てられると

---

[11] 優先順位制（serial dictatorship）に基づく仕組みが使われています。詳しくはあとで説明します。

表6.2　メカニズムの変更により得する児童の人数と割合

変更後 変更前	R-SOFM	F-SOFM	実際の割り当て	F-ETSD
R-SOFM	0	867.27(60.35%)	658.46(45.82%)	881.94(61.37%)
F-SOFM	0	0	72.13(5.02%)	49.78(3.46%)
実際の割り当て	13.19(0.92%)	237.94(16.56%)	0	248.68(17.31%)
F-ETSD	0	0	62.88(4.38%)	0

いう結果が得られました。シミュレーション分析によって、制度変更の効果は数値的にも大きいことが明らかになったわけです。これは理論（命題8）だけではわからなかったことです。また、理論のとおり、F-SOFM から R-SOFM に変更しても誰も得しないことも確認されました。

　次に、山形市で実際に行われているマッチング方法について説明します。山形市では、児童の年齢ごとに受け入れ枠数を事前に決定し、年齢ごとの優先順位制（serial dictatorship）により、優先順位の高い児童から順番に希望する園に割り当てていく、というシンプルな方法を用いています。この方法を**硬直的（羨望許容）優先順位制（rigid envy-tolerating serial dictator-ship：R-ETSD）**と呼ぶことにしましょう。なぜ "envy-tolerating" なのかというと、R-ETSD では、違う年齢の児童たちの間に正当化された羨望（justified-envy）が生じる可能性があるからです。例えば「他の0歳の児童は入園できたのに、その児童よりも高い優先順位の1歳の児童が入園できない」可能性があり、児童やその保護者たちに不満を与えてしまう場合があります。R-ETSD は、最初に年齢ごとにマッチング問題を完全に分けているため、異なる年齢の児童たちの間の公平性を考慮することができません。

　一方、公平性を気にしない代わりに、R-ETSD は SOFM よりも効率性は実現しやすい面もあると考えられます。優先順位制は、他の年齢の児童のことを全く気にせずに、優先順位に応じて入園可能な園のなかで自分の一番好きな園を選ぶことができるので、効率的なマッチング結果になりやすいはずです。また、明らかに耐戦略性を満たします。ただしシミュレーション結果からは R-ETSD（実際の配分）と F-SOFM や R-SOFM の間にパレート支配の関係は読み取れませんでした。むしろ、山形市のデータでは、F-SOFM は制約を柔軟にしている分、公平性を実現しつつ、R-ETSD よりも好ましい

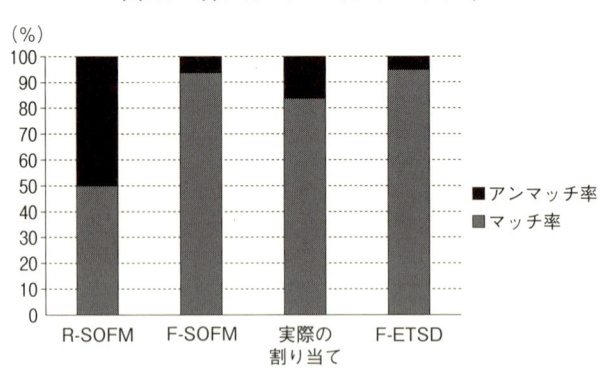

図6.1　各メカニズムのアンマッチ率

保育園に入れる児童の数を237.94人（16.56％）増やすことができています。これは、F-SOFMからR-ETSDに変更した場合に得をする児童の数72.13人（5.02％）よりも多いです。表6.2からも、F-SOFMは効率性の面でも高いパフォーマンスを発揮することが読み取れます。

　図6.1は、希望したどこかの保育園に入れた応募者と、どの保育園にも入れなかった応募者の比率をグラフにしたものです。硬直的な制約に基づくR-SOFMでは50％ほどの児童がどの保育園にも入れなかったのに対し、制約を柔軟にしたF-SOFMではアンマッチ率を6％まで減らせています。後者はR-ETSD（実際の配分）のアンマッチ率15％よりも低いです。

　図6.2は各 $k = 1, 2, \cdots$ に対して第 k 希望までの保育園に入れた児童の数を並べて比較したものです。例えばR-SOFMでは第1希望に入れた児童は500人弱で、第2希望までに入れた児童は750人弱です。一方でF-SOFMだと第1希望に入れた児童は1000人強で、第2希望までに入れた児童は1250人ほどです。F-SOFMが実際の配分であるR-ETSDよりも好ましい保育園に入れる児童をかなり増やしていることも読み取れます。

　最後に、先ほどから図表に登場しているF-ETSDについて説明します。F-ETSDとは**柔軟な（羨望許容）優先順位制**（flexible envy-tolerating serial dictatorship：F-ETSD）の略です。つまり、柔軟な制約のもとで優先順位制を行う方法です。この方法は異なる年齢間の公平性を気にせず、かつ柔軟な制約のもとで無駄なく児童を割り当てるため、理論上最も効率的なマッチング結果を生み出します。実際、どの図表を見てもF-ETSDが最も効

図6.2　第 k 希望までに入れた児童の人数

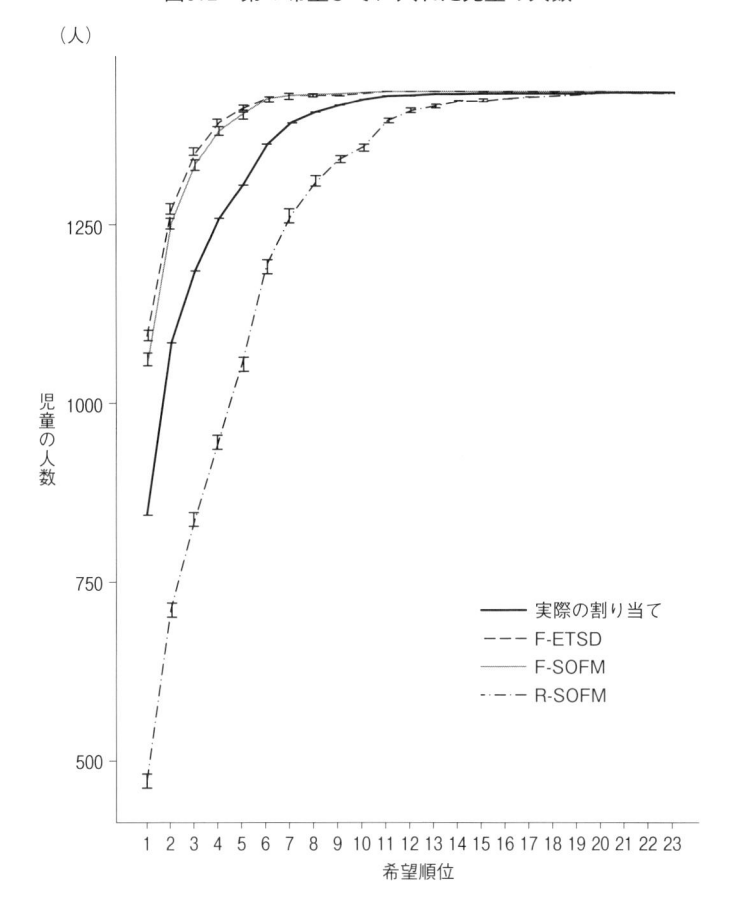

率性が高いです。しかし、驚くべきことに、F-SOFM と比べるとそこまで効率性が高いわけではありません。表6.2によれば、F-SOFM から F-ETSD に変更しても、わずか49.78人（3.46%）しか好ましい結果になりません。入園できた保育園の希望順位についても、F-SOFM と F-ETSD の間には大きな違いが見られません（図6.2）。F-SOFM は公平性を満たす分、効率性を多少犠牲にしているわけですが、その度合いは数値的にはとても小さいことがわかったのです。

　ここまでの議論をまとめます。

- 現行制度は国が定めた制約ではなく、自治体自身が便宜的に定めた硬直的な制約に基づいています。しかし国の要請を守りつつ、制約を柔軟なものに変更することで、効率性の改善を図ることができます。すべての児童がより希望順位の高い保育園に入園でき、待機児童も大きく減らすことができます。

- また、現行のマッチング制度では児童（保護者）たちが他者に対して不公平感を感じてしまう仕組みになっていますが、私たちが提案する方法（結果が F-SOFM となるメカニズム）だと他者に対する"正当な不公平感"は絶対に生じません。

- 私たちが提案する方法は公平性を重視している分「理論上最も効率的」というわけではありませんが「理論上もかなり効率的」です。さらに、山形市のデータ分析では「実際上もかなり効率的」なことがわかりました。

- 山形市の他に、東京都文京区でも同様のシミュレーション分析を行いました。人口や保育園への需要が大きく異なるにもかかわらず、類似した結果が得られました。これは、今回のシミュレーション結果がデータの特性に過度に依らない、ある程度普遍性の高いものであることを示唆しています。

6.6 おわりに

この章では、制約のあるマッチング問題における公平なマッチングを得る方法を議論しました。応用先として分析した保育園マッチングでは、制約の性質をうまく利用することで既存のマッチング方式よりも大幅に待機児童を減らし効率性を高める可能性を示しました。

とは言え、実際の社会実装にはまだ検討すべき事柄がたくさんあります。例えば、実際の保育園では保育士だけではなく部屋などのスペースについても制約がありますが、山形市のデータではスペースについての情報がなかったため無視して分析をしています。スペースの制約を考慮に入れた場合には、F-SOFM による効率性向上は少なくなるはずです。

認可保育園は全国に1700以上ある自治体のすべてが行っている業務ですか

ら、日本における極めて重要で大規模なマッチング実装例です。筆者の一人（小島）は共同研究者の鎌田雄一郎教授やサイバーエージェント社らとの共同研究の一環として、いくつかの自治体における保育園マッチングの制度変更に携わっていますが、マッチング理論の有用性を改めて感じています。また、自治体の枠を超えて保育園入所を行う、いわゆる「越境入園」について、マッチング理論を用いて望ましい制度設計を考察する研究をしています。マッチングの制度設計はマーケットデザインの重要なトピックですが、特に保育園まわりの制度設計は研究や社会実装の余地が大きいのではないかと感じています。

参考文献

［1］鈴木亘（2018）『経済学者、待機児童ゼロに挑む』新潮社

［2］Abdulkadiroğlu, Atila and Tayfun Sönmez（2003）"School Choice: A Mechanism Design Approach," *American Economic Review*, 93(3), pp.729–747

［3］Ehlers, Lars, Isa E. Hafalir, M. Bumin Yenmez, and Muhammed A. Yildirim（2014）"School Choice with Controlled Choice Constraints: Hard Bounds versus Soft Bounds," *Journal of Economic Theory*, 153 (C), pp. 648–683.

［4］Fragiadakis, Daniel and Peter Troyan（2017）"Improving Matching under Hard Distributional Constraints," *Theoretical Economics*, 12(2), pp.863–908.

［5］Fragiadakis, Daniel, Atsushi Iwasaki, Peter Troyan, Suguru Ueda, and Makoto Yokoo（2016）"Strategyproof Matching with Minimum Quotas," *ACM Transactions on Economics and Computation*, 4(1), pp.1–40.

［6］Kamada, Yuichiro and Fuhito Kojima（2024）"Fair Matchings under Constraints: Theory and Applications," *Review of Economic Studies*, 91(2), pp.1162–1199.

［7］Kasuya, Yusuke（2016）"Anti-bullying School Choice Mechanism Design," mimeo.

［8］Nguyen, Thành and Rakesh Vohra（2019）"Stable Matching with Proportionality Constraints," *Operations Research*, 67(6), pp.1503–1519.

［9］University of Oxford（2022）Applicants with Disabilities, https://www.ox.ac.uk/admissions/graduate/applying-to-oxford/applicants-with-disabilities, 2022 年 2 月にアクセス

第 **7** 章

割り当て問題の
公平な解決策を考える

7.1 ヒトとモノのマッチング

　第6章までは「研修医と病院」や「学生と大学」など、お互いに相手に選好を持つ2つのグループのマッチングを考えてきましたが、この章からは「ヒトとモノ」のマッチングを扱います[1]。「ヒトとモノ」のわかりやすい例は、「学生と学生寮の部屋」です。海外の大学では、所属する学生に、学生寮に住むことを要求することがよくあって、その際には、学生たちと部屋をどのようにマッチングするかが問題になります。学生はどの部屋に住むかについて選好を持ちますが、部屋はモノなので、どの学生が住むかについて（当然ですが）選好を持ちません。

　社会的に重要な例としては、学校選択制度の設計問題があります。公立の小学校や中学校に通う生徒と、学校の入学枠とのマッチングを考えるのです。一般に、大学や私立学校とちがって、公立の小中学校は学校自身の好みに応じて特定の生徒を優遇して入学させることはしません。しかし生徒は、通学距離や希望する部活動の有無、いじめの問題などさまざまな理由で、どの学校に通うかについて選好を持つと考えられます。実際、学校選択制度が導入されている市町村もあります。現実の学校選択制度では、何らかのアルゴリズムに従って生徒と学校とをマッチングするのですが、そのアルゴリズムの性質を研究したり、より望ましいアルゴリズムを探す研究が、今世紀に入ってから盛んになってきています。

　また、第1章で紹介した患者と腎臓のマッチングも、「ヒトとモノ」のマッチングの例です。腎臓は誰に移植されたいかについて選好を持ちませんが、患者は血液型や免疫の問題により、自分の身体に適合する腎臓をより好むと考えられます。

　「ヒトとモノ」のマッチングなので、これからは「割り当て（assignment）」という言葉を使うことにします。この章の目的は、「何らかの意味で望ましい割り当てを見つけるメカニズム」を探すことです。第6章まで

---

[1] 第6章で扱った保育園マッチングは少々例外的で、各保育園は児童に対する選好は持っていませんでしたが、代わりに（数学的にはほぼ同じ）児童に対する優先順位を持っていました。

は、マッチングするグループが互いに相手に選好を持っていたので、マッチングの望ましい性質として「安定性」に注目してきましたが、モノは選好を持たないため、この章では安定性ではなく「効率性」に注目します。もちろん、ただ効率的であればよいのではありません。学校選択制など公共的な制度は、十分に公平でなければ利用者が納得しないでしょう。第 6 章まではDA アルゴリズム（受け入れ保留アルゴリズム）やその変種が主役でしたが、今回の主役は **RP メカニズム（random priority mechanism: 均等確率優先順位メカニズム）と PS メカニズム（probabilistic serial mechanism: 同時確率消費メカニズム）** です。

7.2　モデル

さて、ここからは特に「確率的な割り当て問題（random assignment problem）」を考えます。これは、最低限の公平性を保証するためです。例えば 2 人の生徒がある学校に入学を希望している一方で、1 つの入学枠しか余っていない状況を考えます。学校からすると、この 2 人の生徒はどちらも等しく扱うべき存在だとします。このとき、「どちらの生徒も入学させない」など明らかに非効率的なケースを除けば、唯一の公平な割り当て方は、くじなどを使って、「50％の確率でどちらかの生徒を入学させ、50％の確率でもう一方の生徒を入学させること」です。

簡単なモデルを導入します。各個人に財（モノ）を確率的に割り当てる問題を考えます。個人が消費できる財の個数は高々 1 つだとします。個人の集合を $N = \{1, 2, \cdots, n\}$ とし、割り当てられる財の集合を O とします。また、「どの財も受け取らない」ことを表す財を $\emptyset$ で表します。各個人 $i \in N$ は、$O \bigcup \{\emptyset\}$ 上に強選好 $>_i$ を持つとします。つまり 2 つの異なる財を無差別であると判断することはないと仮定します。個人の選好をすべて並べたもの $> = (>_1, >_2, \cdots, >_n)$ を **選好プロファイル** と呼びます。

個人 $i \in N$ に財 $a \in O \bigcup \{\emptyset\}$ が割り当てられる確率を P_{ia} とします。これは確率なので $0 \leq P_{ia} \leq 1$ を満たす必要があります。また、i が各財をもらえる確率を並べたベクトルを $P_i = (P_{ia})_{a \in O \bigcup \{\emptyset\}}$ と書きます。確率的な割り当ては、これらを並べた行列で表現できます。例えば $N = \{1, 2, 3, 4\}$、

$O = \{a, b, c\}$ とすると、

$$P = \begin{pmatrix} P_{1a} & P_{1b} & P_{1c} & P_{1\emptyset} \\ P_{2a} & P_{2b} & P_{2c} & P_{2\emptyset} \\ P_{3a} & P_{3b} & P_{3c} & P_{3\emptyset} \\ P_{4a} & P_{4b} & P_{4c} & P_{4\emptyset} \end{pmatrix}$$

$$= \begin{pmatrix} \dfrac{1}{6} & \dfrac{3}{6} & \dfrac{1}{6} & \dfrac{1}{6} \\ \dfrac{2}{6} & 0 & \dfrac{2}{6} & \dfrac{2}{6} \\ 0 & \dfrac{3}{6} & \dfrac{1}{6} & \dfrac{2}{6} \\ \dfrac{3}{6} & 0 & \dfrac{2}{6} & \dfrac{1}{6} \end{pmatrix}$$

は確率的な割り当てを表す行列です。これを確率行列と呼びます[2]。個人 1（第 1 行目）は財 a を $\dfrac{1}{6}$ の確率で、財 b を $\dfrac{3}{6}$ の確率で、財 c を $\dfrac{1}{6}$ の確率でもらえるが、$\dfrac{1}{6}$ の確率で何ももらえない、などと読みます。個人は、$\emptyset$ を含めると必ず何らかの財をもらえるので、各個人 $i \in N$ について

$$\sum_{a \in O \cup \{\emptyset\}} P_{ia} = 1 \tag{7.1}$$

が成り立たなければなりません。実際に、上の行列 P では、例えば個人 1 への割り当て $P_1 = \left(\dfrac{1}{6}, \dfrac{3}{6}, \dfrac{1}{6}, \dfrac{1}{6} \right)$ について

$$\frac{1}{6} + \frac{3}{6} + \frac{1}{6} + \frac{1}{6} = 1$$

となっています。また、各財 $a \in O$ が供給されている数を q_a とすると、実

2）注意深い読者は、このような確率的な割り当てを表す行列からどうやって最終的な（確定的な）割り当てを決めるのか、疑問を持たれたかもしれません。バーコフ＝フォン・ノイマンの定理（とそれを一般化した定理）により、確率的な割り当てを実現する簡単な方法が存在することが保証されています。この定理については第 9 章で扱います。

行可能性条件として各財 $a \in O$ について

$$\sum_{i \in N} P_{ia} \le q_a$$

が成り立たなければなりません。これはもちろん、どの財についても、割り当ての総量は供給数に収まっていなければならないという条件です。供給数 q_a とは、例えば学校 a の入学枠の数です。何ももらえないことを表す財 $\emptyset$ の供給には、もちろん限りはありません。まずはすべての財 $a \in O$ について $q_a = 1$ として、話を進めます。

　確率的な割り当てを表す行列 P は、確定的な割り当て（deterministic assignment）も表現することができます。例えば

$$P = \begin{pmatrix} 1 & 0 & 0 & 0 \\ 0 & 1 & 0 & 0 \\ 0 & 0 & 1 & 0 \\ 0 & 0 & 0 & 1 \end{pmatrix}$$

という行列は、個人 1 に財 a を、2 に b を、3 に c を確実に割り当て、個人 4 には確実に何も割り当てない、ということを表しています。

　人々が申告した選好プロファイルに対して、1 つの確率的な割り当てを与える手続きのことを**割り当てメカニズム**（assignment mechanism）と呼びます。

7.3　均等確率優先順位メカニズム

　割り当てメカニズムとして最初に注目するのは、**均等確率優先順位メカニズム**（random priority mechanism）です。頭文字をとって **RP メカニズム**と呼ぶことにします。このメカニズムはその手続きの特徴から、**均等確率逐次独裁制**（random serial dictatorship）とも呼ばれます。名前は聞いたことがないかもしれませんが、多くの読者はきっとこれまでの人生でこの割り当てメカニズムを使ったり、使われている場面を見たことがあるのではないかと思います。

7.3.1 定義

RP メカニズムの定義はとてもシンプルです。まず、DA アルゴリズムなどを使うときと同様に、各個人の財に対する希望順位を提出してもらいます。その情報をもとに、次のような手続きを行います。

(ⅰ) 各個人に優先順位を割り振る。優先順位は、くじなどを使って（各個人が提出した希望順位などには依存させずに）均等に割り振る。

(ⅱ) 優先順位の高い人から順番に、まだ残っている財のなかから、自分が提出した希望順位のもとで一番望ましい財を受け取る。

(ⅲ) すべての個人に財が割り振られたら、手続きを終了する。

このメカニズムでは、優先順位が1位になった人が、いわば「最初の独裁者」になります。他の人に邪魔されずに自分の好きなように財を選んでよいという意味で「独裁者」のように振る舞うわけです。独裁者はその場にある財のなかから好きなものを選んで、その場から退場します[3]。すると次に独裁者になるのは優先順位が2位の人です。その人はその場に残っている財のなかから好きなものを選んで退場します。次は優先順位が3位の人が独裁者となり、やはりその場に残っている財のなかから好きなものを選んで退場します。このプロセスを順番に行い、全員が退場すれば終了となります。このように、逐次的に独裁者が現れては去っていくので、RP メカニズムは均等確率逐次独裁制とも呼ばれるのです。

RP メカニズムによって決まる確率行列は、以下のように計算できます。例えば $N = \{1, 2, 3, 4\}$、$O = \{a, b\}$ とします。各財は1つずつしかないとします（$q_a = q_b = 1$）。各個人が表明した選好は

---

3) しつこいようですが、実際には各個人からは予め希望順位を提出してもらっています。財を「選んで」「退場」するというのは、独裁者がそういうことをしているかのように割り当てを決めているという意味です。

$$>_1: a, b, \emptyset,$$
$$>_2: a, b, \emptyset,$$
$$>_3: b, a, \emptyset,$$
$$>_4: b, a, \emptyset$$

であるとします。いま個人は 4 人いるので、可能な優先順位は全部で 4! ＝ 24 通りあります。このうち、個人 1 が財 a を獲得できるのは、「個人 1 が 1 位のとき」または「個人 1 が 2 位で、個人 3 か 4 が 1 位のとき」のみです。「個人 1 が 1 位のとき」は、全部で 3! ＝ 6 通りあります。また、「個人 1 が 2 位で、個人 3 か 4 が 1 位のとき」は、全部で 2×2! ＝ 4 通りあります。したがって、個人 1 が財 a を獲得できる確率は

$$\frac{6+4}{24} = \frac{5}{12}$$

です。また、個人 1 が何も財を獲得できないのは「個人 1 が 3 位以下のとき」で、それは 3!×2 ＝ 12 通りあります。したがって、個人 1 が何も財を獲得できない確率は

$$\frac{12}{24} = \frac{1}{2}$$

です。また、各人は必ず $O \bigcup \{0\}$ を受け取るという条件（7.1）より、個人 1 が財 b を獲得する確率は

$$1 - \frac{5}{12} - \frac{1}{2} = \frac{1}{12}$$

となります。いま、個人 1 と個人 2 はまったく同じ選好を表明したので、個人 2 に割り当てられる確率もまったく同じように計算できます。また個人 3 と個人 4 が表明した選好は a と b を入れ替えれば個人 1 と同じになるので、対称性から、各個人に割り当てられる確率をすべて求めることができます。結果として RP メカニズムが与える確率行列は

$$P = \begin{pmatrix} P_{1a} & P_{1b} & P_{10} \\ P_{2a} & P_{2b} & P_{20} \\ P_{3a} & P_{3b} & P_{30} \\ P_{4a} & P_{4b} & P_{40} \end{pmatrix}$$

$$= \begin{pmatrix} \dfrac{5}{12} & \dfrac{1}{12} & \dfrac{1}{2} \\ \dfrac{5}{12} & \dfrac{1}{12} & \dfrac{1}{2} \\ \dfrac{1}{12} & \dfrac{5}{12} & \dfrac{1}{2} \\ \dfrac{1}{12} & \dfrac{5}{12} & \dfrac{1}{2} \end{pmatrix}$$

となります。

7.3.2 耐戦略性と公平性

RP メカニズムのもとでは、人々は嘘をついても得をしません。このモデルでは各個人は自分がもらえる財のみに関心を持つので、個人 i が独裁者となったときには、その場に残っている財のなかで i が一番好きなものを正直に選べば、最も得ができます。嘘をついて好きではないものを選ぶ理由は一切ありません。また、優先順位は予め定められたように均等確率で決まるため、個人の力で順番を操作することはできません。よって、自分の優先順位が何位になろうとも、正直に自分の選好を申告しておくことが各個人にとって最適です。つまり、RP メカニズムは耐戦略性を満たします。

また、RP メカニズムは**水平性**(equal treatment of equals)という、公平性の条件を満たします。水平性は、等しい選好を表明した人には、等しい確率を割り当てることを要求する条件です。厳密に表現すると、割り当てメカニズムが水平性を満たすとは、同じ選好を申告した個人 $i, j \in N$ について、どの $a \in O \bigcup \{\emptyset\}$ についても $P_{ia} = P_{ja}$ が成り立つことです。この条件は、アリストテレスが述べた「等しいものは等しく扱われるべきである(equals should be treated equally)」という水平的公平性の原則を定式化したものです。RP メカニズムが水平性を満たすことは明らかと言って良いでしょう。なぜなら、優先順位は均等確率で決まるため、同じ選好を申告すれ

ば、どの財も獲得できる確率は同じになるからです。一般に、確率的な割り当てではなく、**確定的な**割り当てを行うメカニズムでは、水平性を満たすことはできません。例えば**確定的**逐次独裁制（deterministic serial dictator-ship）、つまり、最初から固定された優先順位が個人に割り振られているような逐次独裁制を考えてみましょう。その場合、優先順位が 1 位の人と 2 位の人が同じ選好を申告しても、まったく異なる割り当てになってしまいます[4]。

7.3.3 効率性

RP メカニズムは**事後的な効率性**（ex post efficiency）を満たします[5]。つまり、いったん財の割り当てが確定したら、財をさらに交換することによって、誰も損させることなく誰かに得をさせることができません。なぜなら、まず、優先順位が 1 位の人は、すべての財のなかで自分が一番好きなものをもらっているため、これ以上得をすることができません。2 位の人は、もしかしたら 1 位の人が持っている財と交換することで得をすることができるかもしれませんが、当然 1 位の人はその交換では損をします。3 位の人は 2 位以上の人との交換によってのみ得をする可能性がありますが、彼らはもちろんその交換では損をします。4 位以下の人についても同様です。よって、RP メカニズムは、事後的な効率性を満たします。

RP メカニズムは、耐戦略性、水平性、そして事後的な効率性を満たす、性能の良いメカニズムだといえます。しかも定義がシンプルでわかりやすいため、実際に使うのがとても簡単です。しかし、実は RP メカニズムにも欠点があります。**事前の効率性**（ex ante efficiency）を満たさないのです。例えば、先ほど考えた選好のもとで、RP メカニズムによる割り当て P と次の割り当て P' を比較してみましょう。

---

4) 2 人とも 0 を第 1 希望にするなどの特殊ケースを除けば。
5) 事後的な評価は、RP メカニズムによって決まった確定的な割り当てについて行われます。一方で事前の評価（水平性や、後述する順序効率性など）は RP メカニズムによって決まる確率行列について行われることに注意してください。

$$P = \begin{pmatrix} \dfrac{5}{12} & \dfrac{1}{12} & \dfrac{1}{2} \\[2ex] \dfrac{5}{12} & \dfrac{1}{12} & \dfrac{1}{2} \\[2ex] \dfrac{1}{12} & \dfrac{5}{12} & \dfrac{1}{2} \\[2ex] \dfrac{1}{12} & \dfrac{5}{12} & \dfrac{1}{2} \end{pmatrix}$$

$$P' = \begin{pmatrix} \dfrac{1}{2} & 0 & \dfrac{1}{2} \\[2ex] \dfrac{1}{2} & 0 & \dfrac{1}{2} \\[2ex] 0 & \dfrac{1}{2} & \dfrac{1}{2} \\[2ex] 0 & \dfrac{1}{2} & \dfrac{1}{2} \end{pmatrix}$$

　いま、個人 1 は財 a を b よりも厳密に好んでおり、個人 3 は財 b を a よりも厳密に好んでいます。したがって、P において、個人 1 が財 b を受け取る確率 $\dfrac{1}{12}$ と、個人 3 が財 a を受け取る確率 $\dfrac{1}{12}$ を交換すれば、お互いにいまよりも得をすることができます。同様に、個人 2 と 4 の間でも、自分の好きではない財に割り振られてしまった確率 $\dfrac{1}{12}$ を交換すれば、お互いに得ができます。このようにして得られる割り当てが P' です。よって、全員にとって P' のほうが P よりも事前の意味で厳密に好ましいといえます。つまり、割り当て P は事前の意味で非効率的なのです。

　このことは、各個人が（その選好を表現するような）どんな期待効用関数を持っていたとしても、P' の期待効用のほうが、P の期待効用よりも大きいことを意味します[6]。実際、例えば個人 1 が財 a、b、$\emptyset$ から得られる効

---

[6]「期待効用関数」という、経済学に馴染みのない人にとっては難解そうな言葉が出てきましたが、本書を理解するうえでは、期待効用関数についての深い知識は必要ではありません。単に、ランダムなイベントを評価する際には、各イベントごとの「効用の期待値」で評価するモデルを考えているとみなして大丈夫です。詳しく知りたい方は、林（2020）やゲーム理論の標準的な教科書（例えば岡田 2011）などを参照してください。

用をそれぞれ u_a、u_b、u_0 とすると、選好順序より、

$$u_a > u_b > u_0 \tag{7.2}$$

が成り立ちます。個人 1 が割り当て P と P' から得られる期待効用は、それぞれ

$$U(P) = \frac{5}{12}u_a + \frac{1}{12}u_b + \frac{1}{2}u_0$$

$$U(P') = \frac{1}{2}u_a + 0u_b + \frac{1}{2}u_0$$

となりますが、

$$U(P') - U(P) = \frac{1}{12}u_a - \frac{1}{12}u_b = \frac{1}{12}(u_a - u_b) > 0$$

より、$U(P') > U(P)$ となります。つまり選好順序（式 (7.2)）を満たすどんな u_a、u_b、u_0 についても、割り当て P' のほうが P よりも厳密に好ましいのです。これが成り立つのは、P' のもとでは、個人 1 が a を獲得できる確率が $\frac{1}{2}$ で、P における確率 $\frac{5}{12}$ よりも厳密に大きくなっており、かつ、個人 1 が b 以上に好ましい財、つまり b または a を獲得できる確率が $0 + \frac{1}{2} = \frac{1}{2}$ で、P における確率 $\frac{1}{12} + \frac{5}{12} = \frac{1}{2}$ と同じになっているからです。

　厳密に、事前の意味での効率性を定義しましょう。まず、選好 $>_i$ を表明した個人 i が、割り当て P において、財 $a \in O \bigcup \{0\}$ 以上に好ましいものを得る確率を

$$p_i(a, P; >_i)$$

と書きます。いまの例では

$$p_1(a, P; \succ_1) = \frac{5}{12},$$

$$p_1(b, P; \succ_1) = \frac{5}{12} + \frac{1}{12} = \frac{1}{2},$$

$$p_1(\emptyset, P; \succ_1) = \frac{5}{12} + \frac{1}{12} + \frac{1}{2} = 1$$

です。割り当て P' が P を、選好プロファイル $\succ$ のもとで**確率支配する**（**first-order stochastically dominate**）とは、すべての個人 $i \in N$ とすべての財 $a \in O \bigcup \{\emptyset\}$ について

$$p_i(a, P'; \succ_i) \geq p_i(a, P; \succ_i)$$

が成り立ち、少なくとも 1 人の個人 $j \in N$ と 1 つの財 $b \in O$ が存在して

$$p_j(b, P'; \succ_j) > p_j(b, P; \succ_j)$$

が成り立つことです。そして、割り当て P が他のどんな割り当てによっても確率支配されないとき、P は**順序効率的**（**ordinally efficient**）であるといいます。どんな選好が表明されても、必ず順序効率的な割り当てを与えるメカニズムのことを順序効率的なメカニズムと呼ぶことにしましょう。これまでの結果を命題としてまとめておきます。

> **命題 9**. RP メカニズム（均等確率優先順位メカニズム）は、耐戦略性、水平性、事後的な効率性を満たすが、（事前の意味での効率性である）順序効率性は満たさない。

7.4 同時確率消費メカニズム

では、どのようなメカニズムなら順序効率的な確率行列を見つけられるのでしょうか。この問いを投げかけ、それに答えたのがアンナ・ボゴモルナイアとエルヴェ・ムーランの論文です（Bogomolnaia and Moulin 2001）。ボゴモルナイアとムーランは、**同時確率消費メカニズム**（**probabilistic serial** mechanism）という新しいメカニズムを提案しました。頭文字をとって PS メカニズムと呼ぶことにしましょう。このメカニズムは、確率を「食べる」イメージを持つイーティング・アルゴリズム（eating algorithm）によって定義されます。

7.4.1　定義

RP メカニズム（均等確率優先順位メカニズム）が、個人に優先順位をつけ、その順位に従って財を 1 つずつ割り当てていくメカニズムであることとは対照的に、PS メカニズムは、全員が同時に少しずつ財を「食べていく」メカニズムです。

(ⅰ) まず、各財が完全に分割可能であると想定します。

(ⅱ) 各個人は、全員同時に、自分が一番好きな財を食べていきます。各個人が食べるスピードは全員同じで、「1 秒当たり 1 単位」とします。

(ⅲ) もし自分が食べている財が食べつくされたら、その場に残っているなかで、一番好きな財をまた食べていきます。

(ⅳ) 1 秒後にアルゴリズムは終了します。この 1 秒間で食べた各財の割合が、そのままそれらの財を受け取る確率になります[7]。

例 1．先ほどと同じ例で、具体的に PS メカニズムを使ってみましょう。各個人が表明する選好は

$$>_1 : a, b, \emptyset,$$
$$>_2 : a, b, \emptyset,$$
$$>_3 : b, a, \emptyset,$$
$$>_4 : b, a, \emptyset$$

だとします。

(a) ($t = 0$).　個人 1 と 2 は財 a が一番好きなので、財 a を食べ始めます。

7）PS メカニズムが決めるのは確率行列だけです。この点は、具体的な確定的配分を決める手続きである RP メカニズムとは異なります。PS メカニズムによって決まる確率行列から確定的な配分を求める方法は第 9 章で説明します。

個人 3 と 4 は財 b が一番好きなので、財 b を食べ始めます。

(b) ($t = \frac{1}{2}$). 開始から $\frac{1}{2}$ 秒が経過すると、財 a は食べつくされてしまいます。2 人の個人が同じ「1 秒当たり 1 単位」という速度で食べたからです。同様に、財 b も食べつくされてしまいます。残る財は $\emptyset$ だけなので、全員で $\emptyset$ を食べ始めます。

(c) ($t = 1$). 開始から 1 秒後、アルゴリズムは終了します。個人 1 と 2 は財 a を $\frac{1}{2}$ ずつ食べ、$\emptyset$ も $\frac{1}{2}$ ずつ食べたので、彼らには $\left(\frac{1}{2}, 0, \frac{1}{2}\right)$ が割り当てられます。同様に、個人 3 と 4 には $\left(0, \frac{1}{2}, \frac{1}{2}\right)$ が割り当てられます。したがって、PS メカニズムの帰結は先ほどの P' と同じになります。

PS メカニズムのもとでは、各個人は「1 秒当たり 1 単位」というスピードで食べるので、1 秒間で食べた量は必ず 1 になっています。つまり条件 (7.1) が必ず成り立ち、帰結はちゃんと確率的な割り当てを表す行列になります。

例 2. PS メカニズムを理解するためにもう 1 つ例を示します。$N = \{1, 2, 3, 4\}$、$O = \{a, b\}$ とし、個人の選好を

$$
\begin{aligned}
&>_1 : b, a, \emptyset, \\
&>_2 : a, \emptyset, \\
&>_3 : b, \emptyset, \\
&>_4 : b, \emptyset
\end{aligned}
$$

とします。

(a) ($t = 0$). 個人 1 と 3 と 4 は財 b が一番好きなので、財 b を食べ始めます。個人 2 は財 a を食べ始めます。

(b) ($t = \frac{1}{3}$). 開始から $\frac{1}{3}$ 秒が経過すると、財 b は食べつくされてしまいます。3 人の個人が同じ「1 秒当たり 1 単位」という速度で食べたか

らです。財 a はまだ $\frac{1}{3}$ しか食べられていないので、まだ $\frac{2}{3}$ 残っています。個人 1 は次に好きな a を食べ始めます。個人 3 と 4 は $\emptyset$ を食べ始めます。ちなみに個人 2 は財 a を食べ続けます。

(c) $(t = \frac{2}{3})$. 開始から $\frac{2}{3}$ 秒後、財 a も食べつくされてしまいます。個人 1 と 2 は $\emptyset$ を食べ始めます。

(d) $(t = 1)$. 開始から 1 秒後、アルゴリズムは終了します。帰結は

$$
P'' = \begin{pmatrix} \frac{1}{3} & \frac{1}{3} & \frac{1}{3} \\ \frac{2}{3} & 0 & \frac{1}{3} \\ 0 & \frac{1}{3} & \frac{2}{3} \\ 0 & \frac{1}{3} & \frac{2}{3} \end{pmatrix}
$$

となります。

7.4.2　効率性と公平性

PS メカニズム（同時確率消費メカニズム）は事前の効率性の条件である順序効率性を満たします。

> **命題10.** PS メカニズムは順序効率性を満たす。

証明（のごく簡単なスケッチ）　任意の個人 $i \in N$ について考えます。一般性を失うことなく、i の選好を

$$>_i: a\, b\, c \cdots \emptyset \cdots$$

とします。まず、i は自分が一番好きな財 a をもらえる確率を、PS メカニズムの帰結よりも大きくすることはできません。なぜなら全員が一番好きなものから食べ始め、それが食べつくされるまでは食べ続けるからです。例えば 3 人で財 a を $t = 0$ で同時に食べ始めて全員 $\frac{1}{3}$ ずつ食べることができた

としましょう。その3人は他のなによりもaが好きなので、この$\frac{1}{3}$と、他の財がもらえる確率とを交換しようとは思いません。

また、個人iは、二番目に好きな財bがもらえる確率を（自分が得をする範囲で）大きくすることができません[8]。例えば個人iがある時点でbではなくcを食べていたとしましょう。それは、その時点でcはまだ余っているが、すでにbが食べつくされていることを意味します。ということは、先にbを食べていた人は、bのほうがcよりも好きだということを意味します。よってiは自分が食べたcの一部を、他の誰かが食べたbの一部と交換することはできないのです。このcを他の財dやeに置き換えてもまったく同じことがいえます。

同様に、iは交換によって三番目以降に好きな財がもらえる確率を PS メカニズムの帰結よりも（自分が得をする範囲で）大きくすることができません。これは任意の個人について成り立つので、PS メカニズムが与える割り当ては順序効率性を満たします。

証明終わり

実は、順序効率性を満たすメカニズムを用意するだけなら簡単で、例えば先ほど少し説明した確定的逐次独裁制を使えば十分です。確定的逐次独裁制は RP メカニズムと似ていますが、優先順位を確率的ではなく、なにかしら確定的に決めておくというものでした。こういった確定的なメカニズムに関しては順序効率性は普通のパレート効率性と等価であり、確定的逐次独裁制がパレート効率的なことは簡単な議論で示すことができます。

しかし、確定的逐次独裁制のようなメカニズムはまったく公平とはいえません。これとは対照的に、PS メカニズムは順序効率性だけではなく、水平性よりもさらに強い公平性の条件である**無羨望性**（envy-freeness）を満たします[9]。割り当てPにおいて、個人iにとって、自分に割り当てられた確率$P_i = (P_{ia}, P_{ib}, \cdots, P_{i\emptyset})$のほうが、他の個人$j$に割り当てられた確率$P_j = (P_{ja}, P_{jb}, \cdots, P_{j\emptyset})$以上に好ましいとき、$i$は$j$に**羨望**（envy）**を持たな**

---

[8] 厳密にいうと、aがもらえる確率を犠牲にすればbがもらえる確率を大きくできますが、もちろん損をします。

いといいます。ここで i にとって P_i が P_j 以上に好ましいとは、P_i が P_j を選好 $>_i$ のもとで**弱確率支配**しているということです。つまり、すべての財 $a \in O \bigcup \{\emptyset\}$ について

$$p_i(a, P : >_i) \geq p_j(a, P : >_i)$$

が成り立つことです。個人 i の割り当てが他の個人 j の割り当てを弱確率支配しているなら、i は j のことを羨ましいとは思わないわけです。割り当てメカニズムが与える帰結において、常に誰も他人に羨望を持たないなら、その割り当てメカニズムは**無羨望**（envy-free）であるといいます。

PS メカニズムが無羨望性を満たすことも、アルゴリズムの定義から直ちに導かれます。

> **命題11.** PS メカニズムは無羨望性を満たす。

証明　まず、PS メカニズムが無羨望性を満たす直感的な理由を説明します。各個人は、各時点 $t\,(0 \leq t \leq 1)$ において、その場に残っている財のなかで、自分が一番好きなものを食べています。つまり、どの時点 t においても、他の人が食べているものを羨ましがりません。よって最終的に自分が食べたものと比べて他人が食べたものを羨ましがることはないと言えます。

　厳密に示しましょう。任意の個人 $i \in N$ について考えます。一般性を失うことなく、i の選好を

$$>_i : a\,b\,c \cdots \emptyset \cdots$$

とします。個人 i にとって一番好きな財 a が食べつくされた時点を $t = s_1$ とします。時点 t において任意の個人 $j \in N$ が財 $x \in O \bigcup \{\emptyset\}$ を食べた量を

9）水平性とは、もし個人 i, j が同じ選好を申告したら、同じ確率が割り当てられる、ということでした。無羨望性が水平性よりも強い条件であることは、次のように確認できます。いま、メカニズムが無羨望性を満たしており、個人 i、j が同じ選好を申告したとします。このとき、i と j が互いに羨ましがらないのは、全く同じ確率が割り当てられている場合に限ります。よって無羨望性を満たすメカニズムは、水平性を満たします（つまり、無羨望性は水平性よりも強い条件です）。

p_{ix}^t と書きます。すると、i が a を食べた量 $p_{ia}^{s_1}$ と、他の任意の個人 $j \in N \setminus \{i\}$ が食べた量 $p_{ja}^{s_1}$ について

$$p_{ia}^{s_1} \geq p_{ja}^{s_1}$$

が成り立ちます。なぜなら i は $t = 0$ から $t = s_1$ まで a のことが一番好きで、a だけを食べてきたので、誰かが i より多く a を食べていることはありえないからです。時点 s_1 ですでに a は食べつくされたので、最終的にも

$$p_{ia} \geq p_{ja}$$

が成り立ちます。よって i が財 a に関して他人のことを羨ましがることはありません。

次に、財 a, b が両方とも食べつくされた時点を $t = s_2$ とします。なお、$s_1 \leq s_2$ です。$t = s$ の時点でまだ残っている財を $B^s \subseteq O \bigcup \{\emptyset\}$ とします。ここで、任意の財 $x \in O$ と任意の財の集合 $B \subseteq O \bigcup \{\emptyset\}$ について

$$M(x, B) = \begin{cases} \{i \in N : x \succ_i y \quad \forall y \in B \text{ with } y \neq x\} & \text{if} \quad x \in B \\ \emptyset & \text{if} \quad x \notin B \end{cases}$$

と定義します。つまり、$M(x, B)$ は、財の集合 B のなかで x のことが一番好きな個人の集合です。

いま、s_2 よりも前の任意の時点 $s < s_2$ において

$$i \in M(a, B^s) \bigcup M(b, B^s)$$

が成り立ちます。PS メカニズムの定義より、a が一番好きで b が二番目に好きな個人 i は、時点 s_2 に至るまでの間に財 a または b を最もたくさん食べることができます。すなわち他の任意の個人 $j \in N \setminus \{i\}$ について

$$p_{ia}^{s_2} + p_{ib}^{s_2} \geq p_{ja}^{s_2} + p_{jb}^{s_2}$$

が成り立ちます。時点 s_2 はすでに財 a も b も食べつくされた時点なので、両辺がそのまま各個人の財 a、b に関する最終的な割り当てに等しくなり

$$p_{ia} + p_{ib} \geq p_{ja} + p_{jb}$$

が成り立ちます。したがって財 a、b に関しては i が他人を羨ましがること
はありません。

　このような論法を続けていけば、P_i が任意の他人への割り当て P_j を弱確
率支配することが示せます。

証明終わり

7.4.3　耐戦略性

　PS メカニズムは、順序効率性と無羨望性という望ましい条件を満たす興
味深いメカニズムです。しかし、実は PS メカニズムは耐戦略的ではないの
です。

　割り当てメカニズムが**耐戦略的**（**strategy-proof**）であるとは、正直に選
好を申告したときに個人 i がもらえる割り当て P_i が、嘘をついたときにも
らえる割り当て P_i' を弱確率支配している、ということです。順序効率性を
定義する際に述べたように、P_i が P_i' を弱確率支配しているなら、i の効用
の大きさ自体には関係なく、i は P_i を P_i' 以上に好むことが保証されます。
しかし、もし P_i が P_i' を弱確率支配していないなら、効用の大きさによって
は、P_i' のほうを厳密に好む可能性があります。

　例として次のケースを考えます。個人の選好を

$$
\begin{aligned}
&>_1 : a, b, \emptyset, \\
&>_2 : a, \emptyset, \\
&>_3 : b, \emptyset, \\
&>_4 : b, \emptyset
\end{aligned}
$$

とします。PS メカニズムを使うと

(a) （$t = 0$）. 個人 1 と 2 は財 a を食べ始めます。個人 3 と 4 は財 b を食
べ始めます。

(b) （$t = \frac{1}{2}$）. 財 a も b も食べつくされてしまいます。よって、全員 $\emptyset$
を食べ始めます。

(c) （$t = 1$）. アルゴリズムが終了し、割り当ては

$$P = \begin{pmatrix} \frac{1}{2} & 0 & \frac{1}{2} \\ \frac{1}{2} & 0 & \frac{1}{2} \\ 0 & \frac{1}{2} & \frac{1}{2} \\ 0 & \frac{1}{2} & \frac{1}{2} \end{pmatrix}$$

となります。

ここで仮に個人 1 が嘘をついて

$$>'_1 : b, a, \emptyset$$

と申告したとしましょう。これは実は第7.4.1項の例 2 で扱った選好プロファイルと同じです。よって割り当ては

$$P' = \begin{pmatrix} \frac{1}{3} & \frac{1}{3} & \frac{1}{3} \\ \frac{2}{3} & 0 & \frac{1}{3} \\ 0 & \frac{1}{3} & \frac{2}{3} \\ 0 & \frac{1}{3} & \frac{2}{3} \end{pmatrix}$$

になります。

これら 2 つの割り当て P と P' を見比べると、P_1 は P'_1 を弱確率支配していません。実際、

$$p_1(a, P ; >_i) = \frac{1}{2} > \frac{1}{3} = p_1(a, P' ; >_i)$$

ですが、

$$p_1(b, P ; >_i) = \frac{1}{2} < \frac{2}{3} = p_1(b, P' ; >_i)$$

となっています。したがって、例えば各財に対する個人 1 の効用の値を

$$u_a = 6, u_b = 5, u_0 = 0$$

とすると、期待効用が

$$U(P) = \frac{1}{2} \cdot 6 + 0 \cdot 5 + \frac{1}{2} \cdot 0 = 3,$$

$$U(P') = \frac{1}{3} \cdot 6 + \frac{1}{3} \cdot 5 + \frac{1}{3} \cdot 0 = 3 + \frac{2}{3}$$

となることより、$U(P') > U(P)$ となります。したがって嘘をついて P_1' をもらったほうが個人 1 にとって得になる可能性があるのです。よって PS メカニズムは耐戦略性を満たしません。

> **命題12.** PS メカニズム（同時確率消費メカニズム）は耐戦略性を満たさない。

7.5　おわりに

　この章では 2 つの代表的な割り当てメカニズムである RP メカニズムと PS メカニズムの性質を調べ、性能を比較しました。RP メカニズムは耐戦略性と水平性を満たしますが、事前の意味での効率性である、順序効率性を満たしません。一方、PS メカニズムは順序効率性と無羨望性（水平性より強い公平性の条件）を満たしますが、耐戦略性を満たしません。この 2 つのメカニズムは、いずれにも長所と短所があり、互いにライバルのような関係にあります。では、現実の学校選択制度などでは、どちらの割り当てメカニズムを使えばよいのでしょうか。この章で考えた望ましい性質をすべて満たすメカニズムは存在するのでしょうか。次章では、これらの問題を考えていきます。

参考文献
［1］岡田章（2011）『ゲーム理論 新版』有斐閣
［2］林貴志（2020）『意思決定理論』知泉書館

［3］Bogomolnaia, Anna and Hervé Moulin（2001）"A New Solution to the Random Assignment Problem," *Journal of Economic Theory*, 100(2), pp. 295-328.

第**8**章

大きな市場における
割り当て問題

8.1 割り当てメカニズムの不可能性定理

第7章に引き続き、学生寮や公立学校の入学枠など、1人が高々1つしか欲しがらないものを、確率的に割り当てる問題を考えていきます。確率的な割り当てを考える主な理由は、最低限の公平性を満たすためでした。1つの入学枠は、分割して複数人で分け合うことができない非分割財ですが、確率的な割り当てを行うことで、あたかも分割財のように扱えるようになり、公平な割り当てが実現しやすくなるのでした。

具体的な問題としては、望ましい学校選択制度と、それを実行する手続きを与えるメカニズムの性質を考察します。制度の設計者が目指す、望ましい割り当ての性質として、次の3つの条件を考えます。

水平性（equal treatment of equals） 同じ選好を申告した人には、同じ確率を割り当てる。最低限の公平性の条件。

順序効率性（ordinal efficiency） 割り当てられた確率を再配分しても、誰にも損させずに誰かを得させることができないくらいに、無駄なく割り当てる。事前の効率性の条件。

耐戦略性（strategy-proofness） 正直に自分の選好を申告することが、各個人にとって常に最適になるように割り当てる。利用者にとって制度をわかりやすくするためと、正しい情報を集めて効率性や公平性を満足させやすくするための条件。

第7章では、2つの代表的な割り当てメカニズムに着目しました。1つはRPメカニズム（random priority mechanism：均等確率優先順位メカニズム）と呼ばれるもので、各個人に優先順位をランダムに割り振り、優先順位に従って各個人が好きな財を選んでいく、という非常に直感的な方法です。このメカニズムは水平性と耐戦略性を満たしますが、順序効率性を満たさないのでした。

そこで、ボゴモルナイアとムーランは順序効率性を満たすPSメカニズム（probabilistic serial mechanism：同時確率消費メカニズム）と呼ばれる新しい方法を発明しました（Bogomolnaia and Moulin 2001）。PSメカニズムは

無羨望性（envy-freeness）という、水平性よりも強い公平性をも満たすので、当然、水平性を満たします。しかし、PS メカニズムには耐戦略性を満たさないという欠点がありました。実は、これら 3 つの望ましい性質をすべて満たす理想的なメカニズムは存在しないという不可能性定理が、ボゴモルナイアとムーランによって示されています。

> **定理14.** 水平性、順序効率性、耐戦略性を満たす確率的割り当てメカニズムは存在しない。

したがって、確かに RP メカニズムや PS メカニズムには欠点がありますが、欠点のないメカニズムを設計することが理論的に不可能である以上、RP メカニズムや PS メカニズムは、現実の制度設計における有力な候補だといえそうです。ちなみに順序効率性と耐戦略性を満たす割り当てメカニズムとして、確定的逐次独裁制（deterministic serial dictatorship）があります。これはくじなどを使わずに予め確定した優先順位に従って、自分が好きなものを各自が選び取っていくルールですが、最低限の公平性である水平性を満たさないため、ここでは望ましいメカニズムの候補からは除外します。この章で扱う主な問題は、現実の学校選択制などの割り当て問題において、PS メカニズムと RP メカニズムのうち、どちらのメカニズムを使うのが望ましいのか、それとも他のメカニズムの方が良いのかという問題です。

8.2　データを見て考える

この問題は、研修医マッチングなどの二部マッチングにおいて私たちが直面した問題と似ています。二部マッチングでは安定性と耐戦略性を満たすメカニズムは存在しないという不可能性が示されていましたが、DA アルゴリズムという優れたメカニズムがあり、現実ではうまく機能していました。財の割り当て問題においても、3 つの性質をすべて満たすメカニズムは存在しないという不可能性が示されましたが、RP メカニズムと PS メカニズムという優れたメカニズムがあります。これらは現実ではどれくらいうまく機能するのでしょうか。例えば、実際の学校選択制において、RP メカニズムは

どれくらい非効率的な割り当てを行ってしまうのでしょうか。もし、帰結がそれほど非効率的な割り当てにならないのであれば、RP メカニズムの欠点は現実の制度へ応用する上では無視できるものかもしれません。

この問題を考えたのが私の共同研究者でもあるパラグ・パサックです（Pathak 2006）。彼はニューヨーク市の公立学校の学校選択制度の設計に関わっていたため、学生たちの選好のデータを入手することができました。ニューヨーク市の学校選択制度はメインラウンドと補助ラウンドから構成されています。最初に行われるメインラウンドでは学生応募制 DA アルゴリズムが使われていますが、彼が調べた2003年と2004年のデータによれば、全体の10％弱にあたる8225人の学生には、どの学校も割り当てられませんでした（外部オプション $\emptyset$ が割り当てられました）。そこで残った学生にも入学枠を割り当てるために補助ラウンドが行われるのですが、その際使われているのが RP メカニズムなのです。

補助ラウンドでは学生たちに再び各自の選好を申告してもらいます。パサックは補助ラウンドで申告された選好データを使って、RP メカニズムによる割り当てと、PS メカニズムによる割り当てを比較しました。RP メカニズムの長所は、耐戦略性を満たす点と、耐戦略性を満たすことが学生にとって非常にわかりやすい点です。したがって、申告された選好は真の選好である可能性が高いと考えられます。この点について、前に研修医マッチングのデータ分析をした際のことを思い出してください。あのときは、DA アルゴリズムは応募される側について耐戦略的ではないのでデータが真の選好ではない可能性に気をつける必要がありました。しかし今回は応募される側である学校にはそもそも選好を提出させないアルゴリズムで、前述の通り学生に関しては耐戦略性があります。そのため今回は提出された選好が正しいという仮定がよりもっともらしいと考えられるわけです[1]。

パサックの分析によれば、多くの学生について、PS メカニズムによる割り当てが、RP メカニズムの割り当てを確率支配していました。確かに、RP

1）とはいえ、たとえ耐戦略性があるメカニズムであっても、メカニズムに関する誤解などさまざまな理由により、真の選好を提出しない参加者がいる可能性は否定できません。この点についての詳しい議論は本書では扱いませんが、興味のある読者は例えば Li（2017）や Rees-Jones（2018）などを参照してください。

メカニズムは現実においても非効率的なようです。しかし、実は各学生にとっての非効率性の度合いはとても小さかったのです。PS メカニズムのもとで第1志望の学校に入学できる学生の数は（平均）5016人で、RP メカニズムのもとで第1志望の学校に入学できる学生4999人とほとんど差がありませんでした。第1志望に入学できたかどうかという観点で見ると、2つのメカニズムの帰結の差は約5000人に対してわずか17人なので、0.3%ほどしかなかったのです。第2志望、第3志望まで見ても、その差はとても小さいものでした。この結果は、RP メカニズムの欠点である非効率性は、現実の大きな市場では、無視できるものであることを示唆しています。ただし、RP メカニズムと PS メカニズムの帰結が似ているとしても、「どちらのアルゴリズムを使っても同じ」というわけではありません。PS メカニズムは耐戦略性を満たさないので、実際に PS メカニズムが使われた時には学生が嘘をつくかもしれず、パサックのシミュレーション分析のように効率的な割り当てが本当に行われるかどうかはわからないからです。以上の考察から、パサックは、耐戦略的でほぼ効率的な RP メカニズムのほうが、効率的だが耐戦略性を満たさない PS メカニズムよりも実用上は優れているのではないかと予想しました。

しかし、問題はまだ残っています。PS メカニズムは確かに耐戦略性を満たしませんが、大市場において戦略的操作はどれくらい問題になるのでしょうか。また、パサックの分析によれば、大市場では PS メカニズムと RP メカニズムの帰結が非常に似ていることがわかります。では、なぜ2つのまったく異なるメカニズムの帰結が似てくるのでしょうか。RP メカニズムと PS メカニズムの大市場における性質を理論的に解明しましょう。

8.3 大市場における PS メカニズム

大きな市場における PS メカニズムの戦略的操作の問題を分析します。ここで設定を軽くおさらいしましょう。有限人の個人の集合を N、有限種類の財の集合を O とします。各財 $a \in O$ の供給数を $q_a \in \mathbb{N}$ で表します。つまり学校 a の入学枠の数が q_a です。各 q_a も有限ですが、何も財を与えないことを表す財 0 については無限に供給されるものとします。各財の供給量

が市場の規模を表しています。各個人は強選好を各学校 $a, b, \cdots, \in O$ および $\emptyset$ 上に持ちます。個人 i の選好を表現する期待効用関数を u_i と書きます。

8.3.1　小島＝マネアの定理

実は、各学校の入学枠が十分に多ければ、PS メカニズムのもとで戦略的操作の問題は解消されるのです（Kojima and Manea 2010）。

> **定理15.** 任意の個人 $i \in N$ と任意の期待効用関数 u_i を固定する。このとき、i と u_i だけに依存する $M > 0$ が存在して、すべての財 $a \in O$ について $q_a \geq M$ ならば、PS メカニズムのもとで i にとって自分の選好を正直に申告することが支配戦略になる。つまり、他の個人がどのような申告をしようとも、自分は正直申告をするのが最適になる。この主張、および M の値は参加者の人数には依存しない。

この定理の特に興味深い点は、各財の供給数が M 以上でありさえすれば、各個人にとって正直申告が「厳密に」支配戦略となる点です。「虚偽申告によって得ができる確率が極限において 0 に収束する」のではなく、ある一定以上の供給数さえあれば、有限個の財と有限人の個人の市場において、正直申告が最適となるのです。

気をつけなければならないのは、供給数の下限 M が、個人の期待効用関数 u_i に依存する点です。つまり、「各財の供給数が十分に多ければ、任意の個人の任意の期待効用関数について、正直申告が支配戦略になる」わけではないことに注意してください。期待効用関数は、選好順序を表現している限り、かなり極端な値をとることが可能なので、どんな M についても、何らかの期待効用関数を作って、嘘をついたほうが得ができるようにすることが可能になってしまいます。したがって、「各 u_i について、M が存在する」という順番が大事です。

また、このような市場規模に関する定理を解釈する際に気にかけるべきことがあります。現実的な仮定のもとで、M がどれくらいの大きさを必要とするのか、ということです。例えば $M = 30$ 程度なら、この結果はとても

実用的だといえます。公立学校の入学定員が30以上あることは十分に現実的だからです。しかし $M = 10000000$ でなければ正直申告が最適とならないのであれば、現実的にあまり意味のある結果とはいえません。

　仮に、学生が申告する選好リストの長さを高々10とし、各 j について第 j 志望の学校 a_j と第 $j+1$ 志望の学校 a_{j+1} の期待効用の差 $u_i(a_j) - u_i(a_{j+1})$ が定数であると仮定すると、正直申告が支配戦略となるのは $M = 18$ 程度で十分であると計算できます。つまり、この簡単な仮定のもとでは、各学校の入学枠数がたった18以上あれば、PS メカニズムにおいてインセンティブの問題は無視できてしまう、ということです。パサックは RP メカニズムのほうが PS メカニズムよりも優れているのではないかと予想しましたが、PS メカニズムも負けてはいないようです。

8.3.2　定理の証明のスケッチ

　この定理が成り立つことを直感的に示します。PS メカニズムにおいて、嘘をつくことは次の2つの効果をもたらします。

(i) 嘘をついて財を食べる順番を変えると、自分の好きな財を食べられる量が少なくなる。

(ii) 嘘をついて財を食べる順番を変えると、各財が食べつくされるまでの時間（expiration date）に影響を与えることができる。

PS メカニズムのもとでは、各個人は各時点で場に残っている財のうち、最も好ましいものを食べますが、嘘をつくと各時点で一番好きなものをいったんあきらめて何か別のものを食べることになります。結果的に効果(i)は嘘をついた人にとって常にマイナスに働きます。しかし効果(ii)はプラスの効果をもたらすことがあります。

　第7章で扱った例で考えてみましょう。$N = \{1, 2, 3, 4\}$、$O = \{a, b\}$ とし、個人の選好を

$$>_1 : a, b, \emptyset,$$
$$>_2 : a, \emptyset,$$
$$>_3 : b, \emptyset,$$
$$>_4 : b, \emptyset$$

とします。PS メカニズムを使うと

(a) $(t = 0)$. 個人 1 と 2 は財 a を食べ始めます。個人 3 と 4 は財 b を食べ始めます。

(b) $(t = \frac{1}{2})$. 財 a も b も食べつくされてしまいます。よって、全員 $\emptyset$ を食べ始めます。

(c) $(t = 1)$. アルゴリズムが終了し、割り当ては

$$P = \begin{pmatrix} \frac{1}{2} & 0 & \frac{1}{2} \\ \frac{1}{2} & 0 & \frac{1}{2} \\ 0 & \frac{1}{2} & \frac{1}{2} \\ 0 & \frac{1}{2} & \frac{1}{2} \end{pmatrix}$$

となります。財 a と財 b が食べつくされる時間はどちらも $T_a = T_b = \frac{1}{2}$ です。

ここで仮に個人 1 が嘘をついて

$$>'_1 : b, a, \emptyset$$

と申告したとしましょう。すると選好プロファイルは

$$>'_1 : b, a, \emptyset,$$
$$>_2 : a, \emptyset,$$
$$>_3 : b, \emptyset,$$
$$>_4 : b, \emptyset$$

となります。PS メカニズムは次のように進行します。

(a) ($t = 0$). 個人 1 と 3 と 4 は財 b が一番好きなので、財 b を食べ始めます。個人 2 は財 a を食べ始めます。

(b) ($t = \frac{1}{3}$). 開始から $\frac{1}{3}$ 秒が経過すると、財 b は食べつくされてしまいます。財 a はまだ $\frac{1}{3}$ しか食べられてないので、まだ $\frac{2}{3}$ 残っています。個人 1 はその場に残っているなかで一番好きな a を食べ始めます。個人 3 と 4 は $\emptyset$ を食べ始めます。

(c) ($t = \frac{2}{3}$). 開始から $\frac{2}{3}$ 秒後、財 a も食べつくされてしまいます。個人 1 と 2 は $\emptyset$ を食べ始めます。

(d) ($t = 1$). 開始から 1 秒後、アルゴリズムは終了します。帰結は

$$
P'' = \begin{pmatrix} \frac{1}{3} & \frac{1}{3} & \frac{1}{3} \\ \frac{2}{3} & 0 & \frac{1}{3} \\ 0 & \frac{1}{3} & \frac{2}{3} \\ 0 & \frac{1}{3} & \frac{2}{3} \end{pmatrix}
$$

となります。

個人 1 は b を先に食べ始めてしまったことで、結果的に a を食べた量が $\frac{1}{2}$ から $\frac{1}{3}$ に減ってしまいました。これが効果(i)の影響です。しかし財 a が食べつくされるまでの時間をみると、嘘をついた時には $T'_a = \frac{2}{3}$ となっており、財 a が食べつくされるまでの時間が伸びていることがわかります。結果的に個人 1 は、財 b を少し食べつつ、財 a も食べることができています。期待効用の持ち方によっては、このように消費することで得をすることができるのです。しかし、財の供給量が増えると、効果(ii)の影響が効果(i)の影響と比べてとても小さくなっていくのです。

この例で、財の供給数と個人の人数をそれぞれ100倍にした大きな市場を

考えてみましょう[2]。つまり、財 a と b の供給はそれぞれ100単位、そして $a, b, \emptyset$ の選好を持つ個人と $b, a, \emptyset$ の順位を持つ個人がそれぞれ200人ずついる状況です。ここで、元の市場の個人１と同じく $a, b, \emptyset$ の選好を持つ個人について考えてみましょう。この個人が選好を正直に申告すると、元の市場の時と同じく $T_a = T_b = 1/2$ に財 a, b が食べつくされ、この個人は元の市場の個人１と同じく財 a と $\emptyset$ を確率 1/2 で受け取ります。次にこの個人が嘘をついて $b, a, \emptyset$ という選好を申告したとします。この場合、大きな市場では先ほどの小さな市場とは異なり、まだ $(200-1 = 199)$ 人もの個人が $a, b, \emptyset$ という申告をしているので、a が食べつくされるタイミングは $\tilde{T}_a = 2/3$ とはならず、元の $T_a = 1/2$ とほとんど変わりません。そのため、嘘をつくことの効果(ii)はほとんどありません。その一方で、食べる順番を変えたことで、本当は自分が一番好きな a ではなく b を食べてしまうという負の効果(i)は大きな市場でも小さくなっていません（この例では100単位の b を $(200+1 = 201)$ 人で食べ合うので b をほとんど 1/2 食べることになります）。そのため、大きな市場では効果(i)と(ii)を合わせた効果は嘘の選好を提出した個人にとってより悪いものになっており、市場を十分大きくすれば負の効果(ii)が効果(i)を必ず凌駕するわけです。

8.4　PS メカニズムと RP メカニズムの漸近的一致

パサックのデータ分析によれば、大きな市場では PS メカニズムと RP メカニズムの割り当てはかなり似ていました。これはどのように理論的に説明できるでしょうか。

まず、先ほどと同様に N を有限人の個人の集合とし、O を有限種類の財の集合とします。それぞれの財が q 個供給される市場（q-市場）を考えます。q-市場では、それぞれの財 $a \in O$ が q 個と $\emptyset$ が無限に供給されます。また、個人の人数についても q の値によって変化することを許しますが、任意の選好順序 π について

2）ただし、この定理の主張はこのように財の供給数と個人の人数を等しく k 倍したような「レプリカ経済」以外でも成り立ちます。

$$\lim_{q \to \infty} \frac{\text{選好が } \pi \text{ である個人の人数}}{q}$$

が有限の値を持つと仮定します。この条件は極限が存在すること、さらに各選好タイプの個人の人数が増えていくスピードは、各財の供給数が増えていくスピードと同程度以下であるということを要求しています。例えば q-市場において、各選好タイプを持つ個人の人数も1-市場の q 倍になっているような場合を「レプリカ経済」などといいますが、このレプリカ経済はこの条件を満たす特殊ケースになります。

8.4.1 チェ＝小島の定理

q-市場において、RP メカニズムのもとで選好 π を持つ個人が財 a をもらう確率を

$$RP_a^q(\pi)$$

と書きます。同様に、q-市場において、PS メカニズムのもとで選好 π を持つ個人が財 a をもらう確率を

$$PS_a^q(\pi)$$

と書きます。もしすべての財 $a \in O$ とすべての個人の選好のタイプ π について、q が大きくなるにつれて、2つのメカニズムの帰結の差

$$RP_a^q(\pi) - PS_a^q(\pi)$$

の値が0に近づいていくならば、これら2つのメカニズムは大きな市場では非常に似た確率的割り当てを与えることになります。そして、実際にそれが成り立つことが示されています（Che and Kojima 2010）。

定理16. 財の種類 O を固定する。すべての財 $a \in O$ とすべての個人の選好 π について、

$$\lim_{q \to \infty} |RP_a^q(\pi) - PS_a^q(\pi)| = 0$$

が成り立つ。

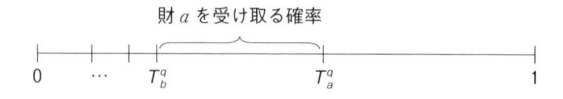

図8.1　PS メカニズムにおいて財 a を受け取る確率

8.4.2　定理の証明のスケッチ

PS メカニズムが与える割り当ては、各財が食べつくされるまでの時間によって特徴づけることができます。各 q-市場において、各財 $a \in O$ が食べつくされる時間を T_a^q とします。この記号を使って、PS メカニズムが割り当てる確率を表現できます。例えばいま、個人 i は財 b が一番好きで、二番目に a が好きだと申告したとしましょう。また、ここでは $T_a^q > T_b^q$ だったとします。つまり、まず b が食べつくされて、その時点ではまだ a は場に残っているとします。すると個人 i はまず財 b を時間 T_b^q までは食べて、その後、財 a を時間 T_a^q まで食べることになります。よって個人 i が財 a をもらえる確率は、T_a^q と T_b^q の差

$$T_a^q - T_b^q$$

となります（図8.1）。

一般に、q-市場において、PS メカニズムのもとで個人が財 a をもらえる確率は

$$\max\{T_a^q - \max\{T_b^q \,|\, b \text{ は } a \text{ より好まれる}\}, 0\}$$

で与えられます。

次に、RP メカニズムによる割り当てを考えます。いま、PS メカニズムによる割り当てを T_a^q を使って表現しましたが、2 つのメカニズムの割り当てが似ていることを示すために、RP メカニズムの割り当ても、「財が食べつくされる時間」と似たような概念で表現してみましょう。まず、RP メカニズムを次のように表現しなおします。

- 優先順位を決めるくじを $[0,1]$ 区間の一様分布でつくる。各個人に $[0,1]$ 区間上の数をランダムに与える。

図8.2　RP メカニズムにおいて財 a を受け取る確率

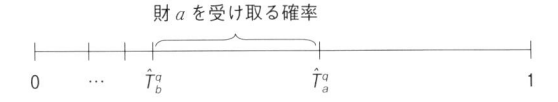

●与えられた数が小さい人から順に、その場に残っている財のなかで一番好きなものを選んでいく[3]。

このようなくじを考えても、n 人の個人であれば $n!$ 通りの順序が均等な確率で得られます。次に、q-市場において、申告された選好とくじの結果を所与として、個人 i が財 a を選ぶことができるような最大のくじの数を $\widehat{T}_a^q$ と書くことにします。つまり、個人 i がひいたくじの数字を x とすると、$x \leq \widehat{T}_a^q$ であれば、財 a がまだ余っているため、a を選ぶことができます。また $x = \widehat{T}_a^q$ であれば、その場に残った最後の a を選ぶことができます。しかし、くじ運が悪く、$x > \widehat{T}_a^q$ だと、他の誰かにすべての財 a が取られてしまっているため、a を選ぶことができません。

先ほどと同様に、個人 i は財 b が一番好きで、二番目に a が好きだと申告したとして、$\widehat{T}_a^q > \widehat{T}_b^q$ だとします。すると、i が財 a をもらう確率は、i がひいたくじが、区間

$$(\widehat{T}_b^q, \widehat{T}_a^q]$$

の間に入る確率と同じになります。もしくじが $\widehat{T}_a^q$ を上回っていれば、財 a を選ぶことはできず、くじが $\widehat{T}_b^q$ 以下なら財 b を選ぶからです。いま、くじは一様に分布しているので、その確率は

$$\widehat{T}_a^q - \widehat{T}_b^q$$

で与えられます（図8.2）。

PS メカニズムでは、[0,1] 区間上の数はメカニズムの進行時間または各個

3）くじは [0,1] 上の一様分布なので、2人以上が完全に同じ数を引き当てる確率は0になっています。そのため、優先順位は確率1で同順位を含まない形で決定できることになります。

人に割り当てられる確率を表していましたが、ここでの区間 [0,1] 上の数は
くじの番号を表していることに注意してください。一般に、q-市場におい
て、RP メカニズムのもとで個人が財 a をもらえる確率は

$$E[\max\{\hat{T}_a^q - \max\{\hat{T}_b^q \mid b\ \text{は}\ a\ \text{より好まれる}\}, 0\}]$$

で与えられます（E は期待値を表す記号です）。

　先ほどの式と見比べると、形式的には、PS メカニズムによる割り当てと
RP メカニズムによる割り当てをとても似た形で表現することができまし
た。しかし、一般には「財が食べつくされてしまう時間 T_a^q」と「財が取り
つくされてしまうくじの番号 $\hat{T}_a^q$」は異なります。T_a^q が、各タイプの人数比
によって決定論的に確定するのに対して、$\hat{T}_a^q$ は個人の好みとは無関係に定
まるくじ番号によって左右されてしまいます。しかし、各財の供給数 q と個
人の人数が増えると、大数の法則により、くじ運による差が小さくなってい
き、PS メカニズムと同様に、$\hat{T}_a^q$ が各タイプの人数比で決まるようになりま
す。その結果、大規模な q-市場では、$\hat{T}_a^q$ たちは T_a^q たちに近づき、そのた
めに PS メカニズムによる割り当てと RP メカニズムによる割り当てが似て
くるのです。

8.4.3　近似的・漸近的性質を論じることの重要性

　定理16は、$q \to \infty$ の極限において 2 つのメカニズムの帰結が一致すると
述べていますが、有限な q-市場においては、2 つのメカニズムの帰結は厳
密には一致しません。つまり、どんなに大きな q-市場を考えても、一般に
RP メカニズムは PS メカニズムとは異なる割り当てを与えますし、順序効
率的ではありません。例えば、以下の命題が成り立ちます。

> **命題13.** もし $q = 1$ の市場で RP メカニズムが与える割り当てが順序
> 効率的でないならば、任意の有限の大きさの q-市場において、RP メ
> カニズムが与える割り当ては順序効率的でない。また、もし $q = 1$ の
> 市場で RP メカニズムが与える割り当てが順序効率的ならば、任意の
> 有限の大きさの q-市場において、RP メカニズムが与える割り当ては
> 順序効率的である。

図8.3　RP メカニズムの非効率性が減少していく様子

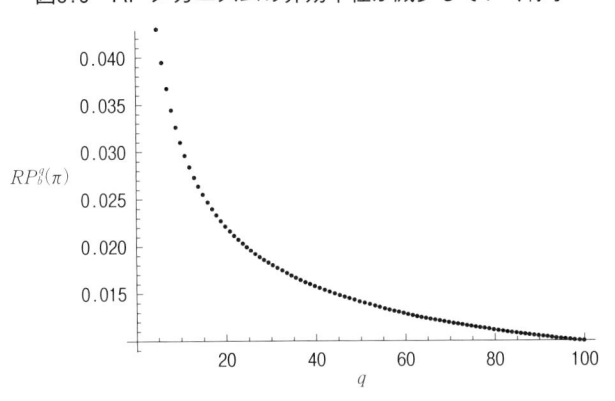

しかし、このような形式の命題は、市場規模が大きくなるにつれて、RP メカニズムの非効率性の度合いが**徐々に小さくなっていく**という点を無視してしまっています。古典的な多くの理論は、「条件 A を満たす or 満たさない」という二項対立でメカニズムの性能を評価してきました。しかし、このように二項対立にもとづき「順序効率的か、そうではないか」という評価基準を用いると、RP メカニズムはどのような有限な市場においても順序効率性を満たすことができない可能性があるので、その漸近的な性質を論じることができず、メカニズムの大事な側面を見逃してしまうのです。

　最後に、簡単な例で、RP メカニズムの非効率性が小さくなっていく様子を確認してみましょう。財は $O = \{a, b\}$ の 2 種類のみで、各個人は「a が一番好きで b が二番目に好き（タイプ π）」か「b が一番好きで a が二番目に好き」かの 2 タイプしかいない状況を仮定します。市場の規模 q を徐々に大きくして、a が一番好きな個人（タイプ π）に対して b を割り当ててしまう確率 $RP_b^q(\pi)$ の変化を調べます。横軸に q、縦軸に $RP_b^q(\pi)$ をとってプロットすると、図8.3のグラフが得られます。$RP_b^q(\pi)$ は厳密には 0 にはならないため、どこまで規模を増やしても RP メカニズムは非効率的です。しかし、非効率的な割り当てを行ってしまう度合いはかなり小さくなっていく様子がわかります。

8.5 おわりに

　この章では、RP メカニズムと PS メカニズムの性質を分析しました。理論的には水平性、順序効率性、耐戦略性をすべて満たす理想的なメカニズムは存在しないという不可能性がありますが、現実にニューヨーク市などで行われている学校選択制度のように、大規模な割り当て問題では、RP メカニズムと PS メカニズムが漸近的に一致するため、RP メカニズムと PS メカニズムは、これらすべての望ましい性質を近似的に満たすことがわかりました。

　次の第9章では、RP メカニズムや PS メカニズムによって決まる確率的な割り当てを、実際に遂行する手続きについて考察します。また、現実の学校選択問題では、男女や人種のバランスなどさまざまな制約を考慮する必要があります。複雑な制約条件がある場合に、どのように学生と学校とを割り当てればよいのかを考えていきます。

参考文献

［1］ Bogomolnaia, Anna and Herve Moulin (2001) "A New Solution to the Random Assignment Problem," *Journal of Economic Theory*, 100(2), pp. 295-328.

［2］ Che, Yeon-Koo and Fuhito Kojima (2010) "Asymptotic Equivalence of Probabilistic Serial and Random Priority Mechanisms," *Econometrica*, 78(5), pp.1625-1672.

［3］ Kojima, Fuhito and Mihai Manea (2010) "Incentives in the Probabilistic Serial Mechanism," *Journal of Economic Theory*, 145(1), pp.106-123.

［4］ Li, Shengwu (2017) "Obviously Strategy-Proof Mechanisms," *American Economic Review*, 107(11), pp.3257-3287.

［5］ Pathak, Parag A. (2006) "Lotteries in Student Assignment," *unpublished manuscript*, Harvard University.

［6］ Rees-Jones, Alex (2018) "Suboptimal Behavior in Strategy-Proof Mechanisms: Evidence from the Residency Match," *Games and Economic Behavior*, 108, pp.317-330.

第 **9** 章

実際に確率的に
割り当てる方法を考える

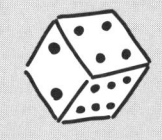

9.1 バーコフ=フォン・ノイマンの定理

　第8章までは、割り当てメカニズムの性能を比較するために、「誰が、何を、どれくらいの確率で獲得できるか」を並べた行列（**確率行列**）に着目してきました。例えば、個人1、2、3と財 a、b、c を割り当てる問題では、個人 i が財 x を獲得できる確率 P_{ix} を並べた

$$P = \begin{pmatrix} P_{1a} & P_{1b} & P_{1c} \\ P_{2a} & P_{2b} & P_{2c} \\ P_{3a} & P_{3b} & P_{3c} \end{pmatrix}$$

という行列で、割り当てメカニズムの帰結を表現し、分析対象としてきました。このように帰結を表現すると、割り当ての効率性や公平性を容易にチェックできたからです。しかし、確率行列だけでは「**実際にどうやって割り当てを行うか**」がわかりません。具体的に考えてみましょう。確率行列が

$$P = \begin{pmatrix} \dfrac{1}{6} & \dfrac{1}{3} & \dfrac{1}{2} \\ \dfrac{1}{3} & \dfrac{2}{3} & 0 \\ \dfrac{1}{2} & 0 & \dfrac{1}{2} \end{pmatrix}$$

だったとします。ここで、実際のところ、誰に、何を、どうやって割り当てればよいのでしょうか？　各個人が、この確率行列にもとづいて独立にくじをひいても、うまく割り当てられないケースがあります。例えば、個人1が

$$\left[\frac{1}{6} \text{ の確率で } a, \ \frac{1}{3} \text{ の確率で } b, \ \frac{1}{2} \text{ の確率で } c \right]$$

というくじをひいて財 a を獲得できることになったとします。しかし個人2も、たまたま確率 $\dfrac{1}{3}$ の結果が生じて財 a がもらえることになったとすると、財 a は1つしかないため、実現不可能な結果を生んでしまいます。このよう

に、確率行列だけを眺めても、具体的な割り当て方がよくわからないのです。具体的な割り当て方がわからなければ、理論がどんなに素晴らしくても、学校選択制度などで実際に活用することができません。

　実は、RP メカニズム（random priority mechanism）の場合は、このような問題は生じません。実際の割り当て方が明快に示されているからです。RP メカニズムとは、最初に個人に優先順位を割り振り、順番に個人が好きな財をもらっていく、というものでした。これは簡単に実現可能です。一方、RP メカニズムのライバルである PS メカニズム（probabilistic serial mechanism）では、実際の手続きが明らかではありません。PS メカニズムの帰結は、イーティング・アルゴリズムという具体的なアルゴリズムによって求めることができましたが、それは確率行列 P を求める方法であって、実際の割り当て方については何も述べていないのです。第 7 章で確認したように、一般に PS メカニズムの帰結は順序効率性や公平性の条件である無羨望性を満たしますが、RP メカニズムの帰結はそれらを満たしません。このままでは、仮に PS メカニズムなどで望ましい確率行列を見つけたとしても、それを実現する方法がわからないという、歯がゆい事態になりかねません。

9.1.1　確率行列を分解する

　確率行列を式(9.1)の右辺のような形に分解できれば、割り当ての実現方法が見えてきます。

$$
\begin{pmatrix}
\frac{1}{6} & \frac{1}{3} & \frac{1}{2} \\
\frac{1}{3} & \frac{2}{3} & 0 \\
\frac{1}{2} & 0 & \frac{1}{2}
\end{pmatrix}
= \frac{1}{6}
\begin{pmatrix}
1 & 0 & 0 \\
0 & 1 & 0 \\
0 & 0 & 1
\end{pmatrix}
+ \frac{1}{3}
\begin{pmatrix}
0 & 1 & 0 \\
1 & 0 & 0 \\
0 & 0 & 1
\end{pmatrix}
+ \frac{1}{2}
\begin{pmatrix}
0 & 0 & 1 \\
0 & 1 & 0 \\
1 & 0 & 0
\end{pmatrix}
\tag{9.1}
$$

式(9.1)は、左辺の確率行列が、3 つのシンプルな行列の加重和で表現できることを示しています。そして、右辺の第一項の行列

$$\begin{pmatrix} 1 & 0 & 0 \\ 0 & 1 & 0 \\ 0 & 0 & 1 \end{pmatrix}$$

は「財 a を個人 1 に、b を 2 に、c を 3 に確率 1 で与える」ことを意味していると解釈できます。つまり、**確定的な割り当て**（deterministic assignment）を表す行列です。第 2 項と第 3 項の行列も、それぞれ異なる確定的な割り当てを表しています。すると右辺は、"確定的な割り当て上のくじ"として解釈できます。つまり、「確率 $\frac{1}{6}$ で第 1 項の確定的な割り当てを選び、確率 $\frac{1}{3}$ で第 2 項の確定的な割り当てを選び、確率 $\frac{1}{2}$ で第 3 項の確定的な割り当てを選ぶ」という、実際に割り当てを行う際の手続きとして読むことができるのです。

どうやら、このように確率行列を分解して書ければ、実際に確率的な割り当てを行うことができそうです。では、どんな確率行列であっても、このように分解できるのでしょうか。

9.1.2 バーコフ＝フォン・ノイマンの定理

シンプルなケースでこの問題を考えていきます。n 人の個人に n 種類の財をちょうど 1 つずつランダムに割り当てる問題を考えます。すると帰結となる確率行列の要素はすべて 0 以上 1 以下で、各行の和が 1、各列の和も 1 になるはずです。各個人が少なくともどれかの財をもらえる確率が 1 で、各財が少なくとも誰かに割り当てられる確率も 1 だからです。このような行列のことを特に**二重確率行列**（bistochastic matrix）と呼びます。例えば

$$\begin{pmatrix} \frac{1}{6} & \frac{1}{3} & \frac{1}{2} \\ \frac{1}{3} & \frac{2}{3} & 0 \\ \frac{1}{2} & 0 & \frac{1}{2} \end{pmatrix}$$

は二重確率行列です。また、式(9.1)の右辺に書かれている行列のように、すべての要素が0か1で、各行・各列ともに1をちょうど1つ含む行列を**置換行列（permutation matrix）** と呼びます。置換行列は二重確率行列の特別なケースで、確定的な割り当てを表していると解釈できます。

式(9.1)の右辺は、置換行列の加重和になっています。これらのウェイト（$\frac{1}{6}$ や $\frac{1}{3}$ など）はすべて0以上1以下であり、ウェイトの和が

$$\frac{1}{6} + \frac{1}{3} + \frac{1}{2} = 1$$

で、ちょうど1になっています。このような加重和のことを**凸結合（convex combination）** と呼びます。また、各ウェイトはそれぞれの確定的な割り当てが起こる確率を表していると解釈できます。

ここまでの議論をまとめると、「もし二重確率行列が、置換行列の凸結合で表現できれば、具体的な割り当て方がわかる」ということになります。そして実は、この問題はギャレット・バーコフとジョン・フォン・ノイマンが示した結果によって、半世紀以上前に解決されています（Birkhoff 1946; von Neumann 1953）。

> **定理17（バーコフ＝フォン・ノイマンの定理）**．どんな二重確率行列も、置換行列の凸結合で表現できる。

バーコフ＝フォン・ノイマンの定理は、数学的に美しいだけでなく、幅広い分野で応用されている便利な定理です。

9.1.3 定理の証明

定理17を証明するために、次の補題を用います。定理17は「二重確率行列の分解方法が存在する」と述べているだけで、具体的な分解の仕方については述べていませんが、この補題は分解方法についてもヒントを与えてくれます。

補題3. 置換行列以外の任意の二重確率行列 P は、次の条件1、2を満たす二重確率行列 P^1 と P^2 の凸結合

$$P = \lambda P^1 + (1-\lambda)P^2$$

に分解できる。
条件1　もし P_{ix} が整数なら、P^1_{ix} と P^2_{ix} も整数である。
条件2　P^1 と P^2 は、P よりも厳密に多くの整数の要素を持つ。

いま考えている n 財 n 人のケースでは、整数とは0か1のことです。例えば、冒頭で扱った二重確率行列 P は置換行列ではないので、

$$\begin{pmatrix} \dfrac{1}{6} & \dfrac{1}{3} & \dfrac{1}{2} \\[2ex] \dfrac{1}{3} & \dfrac{2}{3} & 0 \\[2ex] \dfrac{1}{2} & 0 & \dfrac{1}{2} \end{pmatrix} = \dfrac{2}{5}\begin{pmatrix} \dfrac{1}{6} & \dfrac{5}{6} & 0 \\[2ex] \dfrac{5}{6} & \dfrac{1}{6} & 0 \\[2ex] 0 & 0 & 1 \end{pmatrix} + \dfrac{3}{5}\begin{pmatrix} \dfrac{1}{6} & 0 & \dfrac{5}{6} \\[2ex] 0 & 1 & 0 \\[2ex] \dfrac{5}{6} & 0 & \dfrac{1}{6} \end{pmatrix}$$

というように、2つの二重確率行列の凸結合に分解できます。条件1と2も確かに満たされています。右辺の行列を左から順に P^1、P^2 とすると、例えば、左辺の $P_{2c} = 0$ に対して、右辺でも $P^1_{2c} = 0$、$P^2_{2c} = 0$ となっており、左辺で整数のところは、右辺でも引き続き整数です。また $P_{3a} = \dfrac{1}{2}$ だったところが、$P^1_{3a} = 0$ になっており、また、$P_{2b} = \dfrac{2}{3}$ だったところが $P^2_{2b} = 1$ となっており、分解することによって整数の要素が増えています。

　さて、こうして得られた P^1 や P^2 もまた二重確率行列です。そしてこれらは置換行列でないため、補題3を再び適用することで

$$P^1 = \lambda' P^3 + (1-\lambda')P^4$$

などと分解できます。また、分解するごとに行列の要素に0か1が必ず増えるので、右辺に並ぶ行列はだんだん置換行列に近づいていきます。そしていま、行列の要素の数は有限なので、この分解プロセスは必ず終了し、最終的に置換行列の凸結合が得られるのです。したがって、補題3が示せれば、定

理17がすぐに導かれることがわかりました。

　補題3を示すために、与えられた二重確率行列を2つの二重確率行列に分解する簡単なアルゴリズムを紹介します（Hylland and Zeckhauser 1979を参照）。

第1ステップ

- まず、分解したい二重確率行列 P の要素のうち、0でも1でもない要素に○を付けます。ここでは例えば $P_{1c} = \dfrac{1}{2}$ に○を付けます。P は置換行列ではないので、少なくとも1つは、0でも1でもない要素が存在するはずです。

$$\begin{pmatrix} 1/6 & 1/3 & \boxed{1/2} \\ 1/3 & 2/3 & 0 \\ 1/2 & 0 & 1/2 \end{pmatrix}$$

- 次に、○を付けた要素からヨコ方向（右でも左でもよい）に出発し、その行先で最も近くにある0でも1でもない要素を□で囲みます。P は二重確率行列なので、○を付けた要素がある行には、やはり0でも1でもない要素が必ずあるはずです。そうでなければ、和が1にならないからです。
- 次に、□を付けた要素から、タテ方向（上でも下でもよい）に出発して、0でも1でもない要素に辿り着いたら○を付けます。

$$\begin{pmatrix} 1/6 & \boxed{1/3} & \leftarrow\!\!\fbox{1/2} \\ 1/3 & 2/3 & 0 \\ 1/2 & 0 & 1/2 \end{pmatrix}$$

$$\begin{pmatrix} 1/6 & \boxed{1/3} & \leftarrow\!\!\fbox{1/2} \\ 1/3 & \boxed{2/3} & 0 \\ 1/2 & 0 & 1/2 \end{pmatrix}$$

- ○を付けた要素から今度はヨコ方向に進んで、同じことを交互に繰り返

し、サイクルが生じるまで続けます。

$$\begin{pmatrix} 1/6 & \boxed{1/3} \leftarrow \boxed{1/2} \\ \boxed{1/3} \leftarrow \boxed{2/3} & 0 \\ \boxed{1/2} & 0 \rightarrow \boxed{1/2} \end{pmatrix}$$

● これで、各行と各列に○と□が同数ずつ存在するサイクルを見つけることができました。

第2ステップ

● ○を付けた数から何らかの数 x をひいて、□を付けた数に同じ数 x を足しても、各行と各列の和は変わらず1のままです。この性質を利用して、整数の要素を増やします。○を付けた数のうち、最小の数を○からひきます。こうすれば、○を付けた数のうち少なくとも1つは0になります。また、他の数が0を下回ることはありません。ここでは $\frac{1}{2}$ が○を付けた数たちのなかで最小です。代わりに□を付けた数に $\frac{1}{2}$ を足します[1]。こうして得られた行列を P^1 とします。

$$P^1 = \begin{pmatrix} \dfrac{1}{6} & \dfrac{1}{3}+\dfrac{1}{2} & \dfrac{1}{2}-\dfrac{1}{2} \\ \dfrac{1}{3}+\dfrac{1}{2} & \dfrac{2}{3}-\dfrac{1}{2} & 0 \\ \dfrac{1}{2}-\dfrac{1}{2} & 0 & \dfrac{1}{2}+\dfrac{1}{2} \end{pmatrix}$$

$$= \begin{pmatrix} \dfrac{1}{6} & \dfrac{5}{6} & 0 \\ \dfrac{5}{6} & \dfrac{1}{6} & 0 \\ 0 & 0 & 1 \end{pmatrix}$$

● 今度は、□から適当な数をひいて、○に同じ数を足します。□を付けた

---

1) □をつけた数にこうして選んだ x を足すと1を超えたら困るので、その時は最大値が1に等しくなるように x を選びます。

数のなかで $\frac{1}{3}$ が最小なので、すべての□を付けた数から $\frac{1}{3}$ をひき、代わりに○を付けた数に $\frac{1}{3}$ を足します。こうして得られた行列を P^2 とします。

$$P^2 = \begin{pmatrix} \frac{1}{6} & \frac{1}{3}-\frac{1}{3} & \frac{1}{2}+\frac{1}{3} \\ \frac{1}{3}-\frac{1}{3} & \frac{2}{3}+\frac{1}{3} & 0 \\ \frac{1}{2}+\frac{1}{3} & 0 & \frac{1}{2}-\frac{1}{3} \end{pmatrix}$$

$$= \begin{pmatrix} \frac{1}{6} & 0 & \frac{5}{6} \\ 0 & 1 & 0 \\ \frac{5}{6} & 0 & \frac{1}{6} \end{pmatrix}$$

● 凸結合のウェイト λ を求めます。いま、P^1 の要素は $\frac{1}{2}$ だけ増減し、P^2 の要素は、$\frac{1}{3}$ だけ増減しました。これらの増減を打ち消すために P^1 を $\frac{2}{5}$ 倍し、P^2 を $\frac{3}{5}$ 倍して足し合せます。こうして

$$\begin{pmatrix} \frac{1}{6} & \frac{1}{3} & \frac{1}{2} \\ \frac{1}{3} & \frac{2}{3} & 0 \\ \frac{1}{2} & 0 & \frac{1}{2} \end{pmatrix} = \frac{2}{5}\begin{pmatrix} \frac{1}{6} & \frac{5}{6} & 0 \\ \frac{5}{6} & \frac{1}{6} & 0 \\ 0 & 0 & 1 \end{pmatrix} + \frac{3}{5}\begin{pmatrix} \frac{1}{6} & 0 & \frac{5}{6} \\ 0 & 1 & 0 \\ \frac{5}{6} & 0 & \frac{1}{6} \end{pmatrix}$$

という結果が得られます。

第3ステップ

● P^1 はまだ置換行列ではないので、同じ操作を P^1 に対しても行います。まず○と□を付けます。

$$\begin{pmatrix} \boxed{1/6} \leftarrow \boxed{5/6} & 0 \\ \boxed{5/6} \rightarrow \boxed{1/6} & 0 \\ 0 & 0 & 1 \end{pmatrix}$$

● ○に $\dfrac{1}{6}$ を足し、□から $\dfrac{1}{6}$ を引くと

$$P^3 = \begin{pmatrix} 0 & 1 & 0 \\ 1 & 0 & 0 \\ 0 & 0 & 1 \end{pmatrix}$$

が得られます。また○から $\dfrac{5}{6}$ を引き、□に $\dfrac{5}{6}$ を足すと

$$P^4 = \begin{pmatrix} 1 & 0 & 0 \\ 0 & 1 & 0 \\ 0 & 0 & 1 \end{pmatrix}$$

が得られます。そして

$$\begin{pmatrix} \dfrac{1}{6} & \dfrac{5}{6} & 0 \\ \dfrac{5}{6} & \dfrac{1}{6} & 0 \\ 0 & 0 & 1 \end{pmatrix} = \dfrac{5}{6} \begin{pmatrix} 0 & 1 & 0 \\ 1 & 0 & 0 \\ 0 & 0 & 1 \end{pmatrix} + \dfrac{1}{6} \begin{pmatrix} 1 & 0 & 0 \\ 0 & 1 & 0 \\ 0 & 0 & 1 \end{pmatrix}$$

を得ます。これで P^1 は置換行列にまで分解できました。P^2 も同様に

$$\begin{pmatrix} \dfrac{1}{6} & 0 & \dfrac{5}{6} \\ 0 & 1 & 0 \\ \dfrac{5}{6} & 0 & \dfrac{1}{6} \end{pmatrix} = \dfrac{1}{6} \begin{pmatrix} 1 & 0 & 0 \\ 0 & 1 & 0 \\ 0 & 0 & 1 \end{pmatrix} + \dfrac{5}{6} \begin{pmatrix} 0 & 0 & 1 \\ 0 & 1 & 0 \\ 1 & 0 & 0 \end{pmatrix}$$

と分解できます。ここまでの結果をまとめます。最後の置換行列を

$$P^5 = \begin{pmatrix} 0 & 0 & 1 \\ 0 & 1 & 0 \\ 1 & 0 & 0 \end{pmatrix}$$

と置くと、

$$P = \frac{2}{5}P^1 + \frac{3}{5}P^2$$
$$= \frac{2}{5}\left(\frac{5}{6}P^3 + \frac{1}{6}P^4\right) + \frac{3}{5}\left(\frac{1}{6}P^4 + \frac{5}{6}P^5\right)$$
$$= \frac{1}{6}P^4 + \frac{1}{3}P^3 + \frac{1}{2}P^5$$

となり、P を置換行列の凸結合で表すことができました（式(9.1)と同じ）。ここでは具体的な行列 P にアルゴリズムを適用しましたが、手順を見れば、どのような二重確率行列に対しても同様の操作を行えることがわかります。

　ここまでの議論をまとめると、いま考えているシンプルなケース（n 人 n 財、各財の供給数が 1 で各個人への割り当てもちょうど 1 つ）では、PS メカニズムの望ましい確率行列を"実現"する手続きが存在することが保証され、しかも簡単に見つけられることがわかりました。

注意点 1 （分解結果の複数性）　分解アルゴリズムの手順からわかるように、二重確率行列を置換行列の凸結合で表す方法は複数ありえます。しかし今回扱った P はたまたま一通りにしか分解できません。

注意点 2 （アルゴリズムの計算量）　$n \times n$ の行列を置換行列に分解するには、かなりの計算量を必要とするように見えますが、割り当てを実現するだけなら、あまり時間はかかりません。というのも、最初に補題を適用して P^1 と P^2 に分解したところでくじを使って P^1 か P^2 を選び、もし P^1 が選ばれたら P^2 の方は無視できるからです。P^1 が選ばれた場合、同様に P^1 を P^3 と P^4 に分解したところでくじを使い、もし P^4 が選ばれたら P^3 の方を無視して分解作業を続けることができます。分解のたびに少なくとも 1 つ整数の要素が増えるので、多く見積もっても $n \times n = n^2$ のステップ数で、すべてが整数である置換行列（確定的な割り当て）に辿り着くことができます。n^2 というステップ数であれば、コンピュータを使えばかなり大きな n であっても現実的な時間で計算

を終えてくれるでしょう。ちなみに完全に分解するには最悪のケースで 2^{n^2} という規模の時間がかかります。この場合、n の増加に対して計算量が爆発的に増加してしまうので、計算が困難です。

ただしこの計算量は今回紹介した方法に依存しており、もっと計算量の小さい方法も知られています。

9.2 割り当て問題の一般化

第9.1節で考えたシンプルなケースでは、帰結を二重確率行列で表せましたが、現実に起きている割り当て問題はもっと複雑で、すっきりと二重確率行列で表せるとは限りません。

学校選択制度では、一般に入学者の数と学校の数は同じではありませんし、各学校の入学枠（供給数）が1つしかないこともまずありません。つまり、行列が正方行列であるとは限らず、行列のタテ方向の和が1であるとは限りません。また、1つの学校内での、学生と授業の割り当て問題を考える場合、1人の学生は複数の授業を履修できるのがふつうです。つまり、行列のヨコ方向の和が1であるとは限りません。

実は、供給される財の数や1人がもらえる財の数を増やすような拡張は、比較的簡単に処理できる問題なのですが、さらに現実の制度を観察すると、これまで考えてこなかった複雑な制約が多数見られ、なかには扱いが難しいものもあります。複雑な制約の例をいくつか挙げます。

9.2.1 複雑な制約構造

現実の割り当て問題でしばしば観察される、さまざまな制約構造をいくつか例示します。

不等式制約　学校選択制度においては、常に「入学者数 ＝ 入学定員」とする必要はありません。「入学者数 ≦ 入学定員」であればよいわけです。つまり、「タテの和がちょうど q である」という制約ではなく「タテの和が q 以下である」という不等式の制約を考える必要があります。

部分列制約　学校選択制度では、特定のグループの入学者数に上限を設ける

図9.1　「実線内の和が100以下かつ点線内の和が70以下」という制約

$$\begin{pmatrix} P_{1a} & P_{1b} & P_{1c} & \cdots & P_{1x} \\ P_{2a} & P_{2b} & P_{2c} & \cdots & P_{2x} \\ \vdots & \vdots & \vdots & \ddots & \vdots \\ P_{na} & P_{nb} & P_{nc} & \cdots & P_{nx} \end{pmatrix}$$

図9.2　「実線内の和が150以下かつそれぞれの点線内の和が100以下」という制約

$$\begin{pmatrix} P_{1a} & P_{1b} & P_{1c} & \cdots & P_{1x} \\ P_{2a} & P_{2b} & P_{2c} & \cdots & P_{2x} \\ \vdots & \vdots & \vdots & \ddots & \vdots \\ P_{na} & P_{nb} & P_{nc} & \cdots & P_{nx} \end{pmatrix}$$

ことがあります。例えば全体の入学枠は100でも、その地域で多数派を占める人種はそのうち70人までしか入学できない、といった制約が設けられている場合があります。特に、人種や出自などを理由に、入学が不利になっていると考えられる集団を優遇する措置のことをアファーマティブ・アクションと呼びます。他にも学区外からの入学者数を制限し、学区内からの入学者を優遇することもあります。つまり、各列の総和に制約があるだけでなく、各列の内部にも制約があるのです（図9.1）。

複数列制約　1つの大学における学生と学科（経済学科と経営学科など）の割り当て問題で、2つの学科の入学枠はそれぞれ100ずつであるとします。しかしその2つの学科は同じ建物を使用しており、合わせて150人までしか入学できない、というケースが考えられます。つまり、各列について制約があるだけでなく、複数の列にまたがった制約もあります（図9.2）。

部分行制約　学生と授業の割り当て問題で、学生は1年間に30科目まで履修できますが、そのうち教養科目は15科目までしか履修できない、といった制約が考えられます。つまり各行の総和だけでなく、各行の内部にも制約があるわけです。

　現実の割り当て問題には、他にもさまざまな制約構造がありえます。制約

が複雑であっても、前節で考えたような「確定的な割り当てを決めるくじへの変換」は可能なのでしょうか。

9.2.2 モデル

この問題を考えたエリック・ブディッシュらの論文に従って分析をすすめます（Budish, Che, Kojima, and Milgrom 2013）。個人の集合を N、財の集合を O とします。一般的な割り当て問題の帰結を $P = (P_{ia}) \in \mathbb{R}^{N \times O}$ で表します。これまでの確率行列と異なり、

$$P = \begin{pmatrix} 2 & -2 & 1.5 & 0 \\ 1.7 & 4 & -2.2 & 1 \\ 3.1 & 0.36 & -0.8 & -2 \end{pmatrix}$$

などもあり得るということです。負の数は、「既に持っているものを手放す」ことを意味します（部屋の交換問題で、いま住んでいる部屋を誰かに渡すことなど）。P_{ia} は個人 $i \in N$ がもらえる財 $a \in O$ の個数の期待値であると解釈します。したがって、これからは P のことを**期待行列**（expected matrix）と呼びます。また、すべての要素が整数である行列を**整数行列**（integer-valued matrix）と呼ぶことにします。これが確定的な割り当てを表す行列です。確率行列のときとは異なり、整数は 0 か 1 であるとは限りません。

ここでの目標は、与えられた制約を満たす期待行列 P を、与えられた制約を満たす整数行列の凸結合で表現することです。制約構造の例を見てみましょう。$N = \{1, 2, 3, 4\}$、$O = \{a, b, c\}$ とします。財 a の供給数は 2 ですが、そのほかの財の供給数は 1 とします。各個人は高々 1 つしか財をもらえないものとします。しかし財 a には、「個人 1 と 2 のどちらか一方だけが必ずもらえる」という制約があるとします。つまり $P_{1a} + P_{2a} = 1$ でなければなりません。例えば、次の整数行列は、この制約を満たしています。

$$\begin{pmatrix} 1 & 0 & 0 \\ 0 & 1 & 0 \\ 1 & 0 & 0 \\ 0 & 0 & 1 \end{pmatrix}$$

この制約を満たす、次の期待行列 P について考えます。

$$P = \begin{pmatrix} 0.5 & 0.2 & 0.3 \\ 0.5 & 0.5 & 0 \\ 0.8 & 0 & 0.2 \\ 0.2 & 0.3 & 0.5 \end{pmatrix}$$

この期待行列は、式(9.2)のように、制約を満たす整数行列の凸結合で表現できます。「確定的な割り当て上のくじ」をつくることができるのです。

$$\begin{pmatrix} 0.5 & 0.2 & 0.3 \\ 0.5 & 0.5 & 0 \\ 0.8 & 0 & 0.2 \\ 0.2 & 0.3 & 0.5 \end{pmatrix} = 0.5 \begin{pmatrix} 1 & 0 & 0 \\ 0 & 1 & 0 \\ 1 & 0 & 0 \\ 0 & 0 & 1 \end{pmatrix} + 0.3 \begin{pmatrix} 0 & 0 & 1 \\ 1 & 0 & 0 \\ 1 & 0 & 0 \\ 0 & 1 & 0 \end{pmatrix} + 0.2 \begin{pmatrix} 0 & 1 & 0 \\ 1 & 0 & 0 \\ 0 & 0 & 1 \\ 1 & 0 & 0 \end{pmatrix} \quad (9.2)$$

　それでは、制約の構造がどのような条件を満たせば、整数行列による分解が可能なのでしょうか。この問題を考えるために、いくつかの数学的記号を導入します。まず

$$\mathcal{K} \subseteq 2^{N \times O}$$

を**制約構造**（constraint structure）と呼びます。これは個人と財のペア (i, a) が入っている集合 $N \times O$ に含まれるすべての部分集合を集めた集合 $2^{N \times O}$ のうちの、何らかの部分集合です。制約構造 $\mathcal{K}$ の要素 $S \in \mathcal{K}$ を**制約集合**（constraint set）と呼びます。そして各 $S \in \mathcal{K}$ に、下限制約 $\underline{q}_S$ と上限制約 $\overline{q}_S$ を課します（どちらも整数であると仮定）。制約構造 $\mathcal{K}$ に含まれるすべての制約集合 S の下限制約と上限制約を集めたもの $\boldsymbol{q} = (\underline{q}_S, \overline{q}_S)_{S \in \mathcal{K}}$ を**制約ベクトル**（vector of quotas）と呼びます。

　制約構造 $\mathcal{K}$ を所与として、期待行列 P が**制約ベクトル $\boldsymbol{q}$ を満たす**（feasible under $\boldsymbol{q}$）とは、すべての制約集合 $S \in \mathcal{K}$ について

$$\underline{q}_S \leq \sum_{(i, a) \in S} P_{ia} \leq \overline{q}_S$$

が成り立つことです。

　いま考えている例では、$S = \{(1, a), (2, a)\}$ が制約集合の 1 つで、

$\underline{q}_S = \overline{q}_S = 1$ です。また、制約集合 $S' = \{(1, a), (2, a), (3, a), (4, a)\}$ は第 1 列目のことであり、$\underline{q}_{S'} = \overline{q}_{S'} = 2$ です。また、個人 i と財 a のペアを 1 つだけ含む集合 $S'' = \{(i, a)\}$ も制約集合であり、$\underline{q}_{S''} = 0, \overline{q}_{S''} = 1$ です。このように、制約集合 S で制約をかける範囲を指定し、$(\underline{q}_S, \overline{q}_S)$ で数量的な制約を指定することで、複雑な制約を定式化できます。

さらに定義を続けます。制約構造 $\mathcal{H}$ を所与として、制約ベクトル $\boldsymbol{q}$ を満たす期待行列 P が、制約ベクトル $\boldsymbol{q}$ を満たす整数行列の凸結合で表現できるとき、P は $\boldsymbol{q}$ **のもとで実現可能**（implementable under $\boldsymbol{q}$）であるといいます。そして、もし任意の制約ベクトル $\boldsymbol{q} = (\underline{q}_S, \overline{q}_S)_{S \in \mathcal{H}}$ について、$\boldsymbol{q}$ を満たす期待行列 P が $\boldsymbol{q}$ のもとで実現可能であるとき、制約構造 $\mathcal{H}$ は **分解可能**（universally decomposable）であるといいます。数式で書くと、制約構造 $\mathcal{H}$ が分解可能であるとは、任意の制約ベクトル $\boldsymbol{q} = (\underline{q}_S, \overline{q}_S)_{S \in \mathcal{H}}$ について、それが与える制約

$$\underline{q}_S \leq \sum_{(i, a) \in S} P_{ia} \leq \overline{q}_S \quad \forall S \in \mathcal{H}$$

を満たす任意の期待行列 P が、制約を満たす整数行列の凸結合

$$P = \sum_{k=1}^{K} \lambda^k P^k \tag{9.3}$$

で表現できることをいいます。つまり式(9.3)について

- 各 P^k は整数行列で、制約ベクトル $\boldsymbol{q}$ を満たす
- 各 λ^k は 0 以上 1 以下で、$\lambda^k + \cdots + \lambda^K = 1$ である

が成り立っています。

制約構造が分解可能であるとは、どんな数量的な制約 $\boldsymbol{q}$ に対しても、期待行列を整数行列の凸結合で表現できるということです。

9.2.3 階層構造と分解可能定理

ブディッシュらは、ほとんどの割り当て問題において、制約構造が分解可能であるための必要十分条件を見つけました。

制約構造 $\mathcal{H} \subseteq 2^{N \times O}$ が **階層構造**（hierarchy）であるとは、任意の制約集合 $S, S' \in \mathcal{H}$ について、

図9.3　階層構造の例

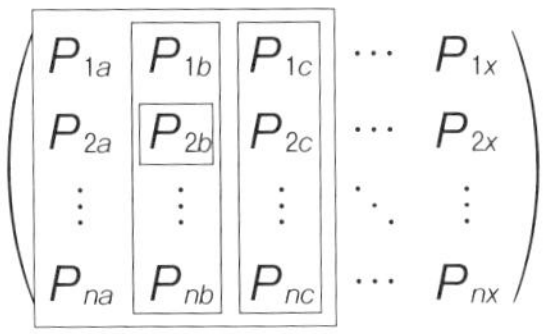

$$
\begin{pmatrix}
P_{1a} & P_{1b} & P_{1c} & \cdots & P_{1x} \\
P_{2a} & P_{2b} & P_{2c} & \cdots & P_{2x} \\
\vdots & \vdots & \vdots & \ddots & \vdots \\
P_{na} & P_{nb} & P_{nc} & \cdots & P_{nx}
\end{pmatrix}
$$

図9.4　二重確率行列の制約構造の分割

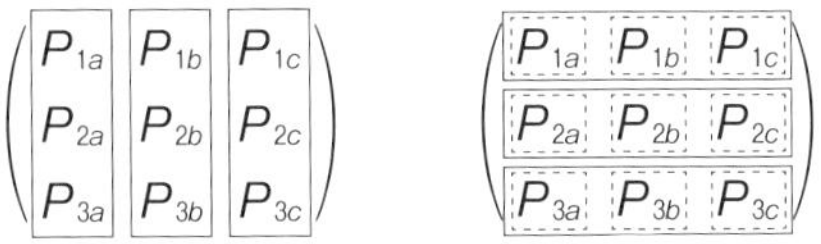

$$
\begin{pmatrix}
P_{1a} & P_{1b} & P_{1c} \\
P_{2a} & P_{2b} & P_{2c} \\
P_{3a} & P_{3b} & P_{3c}
\end{pmatrix}
\quad
\begin{pmatrix}
P_{1a} & P_{1b} & P_{1c} \\
P_{2a} & P_{2b} & P_{2c} \\
P_{3a} & P_{3b} & P_{3c}
\end{pmatrix}
$$

$$
S \bigcap S' = \emptyset \ \text{または} \ S \subseteq S' \ \text{または} \ S' \subseteq S
$$

のどれかが成り立つことをいいます。例えば、図9.3に示されている制約構造は、階層構造です。どの 2 つの枠も、「互いに交わらない」か、「一方の枠に完全に含まれている」かのどちらかが成り立っています。

　しかし、二重確率行列のように、タテにもヨコにも制約がかかっている場合、階層構造とはなりません。行に関する制約集合と、列に関する制約集合には包含関係がなく、共通部分が空集合でもないからです。ですが、2 つの階層構造に分けることならできます（図9.4）。ここでは、各ペア $\{(i, a)\}$ だけを含む制約集合は、右側にすべて含めています。二重確率行列の場合、「実線の枠内の和がちょうど 1」、「点線の枠内は 0 以上 1 以下」という制約がかかっています。

　このように、制約構造 $\mathcal{H}$ が 2 つの階層構造（hierarchy）に分割できるとき、$\mathcal{H}$ は**二重階層構造（bihierarchy）**であるといいます。つまり、もし 2 つの階層構造 $\mathcal{H}_1$ と $\mathcal{H}_2$ が存在して

$$
\mathcal{H} = \mathcal{H}_1 \bigcup \mathcal{H}_2 \ \text{かつ} \ \mathcal{H}_1 \bigcap \mathcal{H}_2 = \emptyset
$$

とできるなら、$\mathcal{H}$ は二重階層構造となります。図9.4からもわかるように、二重確率行列に課されている制約構造は、二重階層構造です。

　ブディッシュらは、これが制約構造が分解可能であるための十分条件であ

図9.5　二重階層構造ではない例

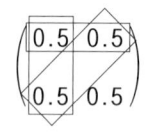

ることを示しました。

> **定理18.** 制約構造 $\mathcal{K}$ が二重階層構造ならば、$\mathcal{K}$ は分解可能である。

　つまり、制約構造が二重階層構造でありさえすれば、どんな数量的な制約 q に対しても、P を整数行列の凸結合で表すことができる、ということです。二重確率行列に課されている制約構造は二重階層構造なので、バーコフ＝フォン・ノイマンの定理（定理17）は、定理18の系として直ちに導かれます。

　二重階層構造でない例も挙げましょう。図9.5のように、ナナメに制約がまたがっていると、2つの階層構造にうまく分割できません。つまり、制約構造

$$\mathcal{K} = \{\{(1, a), (2, a)\}, \{(1, a), (1, b)\}, \{(2, a), (1, b)\}\}$$

は、二重階層構造ではありません。実際、各 $S \in \mathcal{K}$ について和が1という制約を課すと、図の期待行列をこれらの制約を満たす整数行列の凸結合で表すことは不可能です。

　二重階層構造であることは、分解可能であるための十分条件ですが、実は必要条件ではありません。しかし、ほとんどの割り当て問題において、必要条件ともなることをブディッシュらは示しています。

> **定理19.** 制約構造 $\mathcal{K}$ には、すべての列と行が含まれているとする。$\mathcal{K}$ が二重階層構造でないならば、$\mathcal{K}$ は分解可能でない。

　学校選択や、学生と授業の割り当てなど、現実の割り当て問題には、各行と各列に何らかの制約があるのが一般的です。したがってほとんどの場合、

割り当て問題が実現可能かどうかを判断するには、制約構造が二重階層構造かどうかをチェックすればよいということになります。

　現実の割り当て問題に課されている制約は複雑そうに見えますが、多くの場合、二重階層構造になっています。例えば、第9.2.1項で述べた、複数列にまたがる制約や、アファーマティブ・アクションなどによる入学者数に上限を課す制約は、列についての階層構造に他なりません。また、各行の内部に対する制約も、行についての階層構造の典型例です。世の中の多くの割り当て問題に課されている制約は、列についての階層構造と行についての階層構造を合わせた、二重階層構造で表現できるのです。

9.3　メカニズムの拡張

　第9.2節では、「与えられた制約のもとで、期待行列を整数行列の凸結合で表すことができるか？　またその条件は？」という問いに分析の焦点を絞りました。それがわかれば、期待行列をうまく実現する"確定的な割り当て上のくじ"をつくることができるからです。しかし忘れてはならないのは、「与えられた制約のもとで、どんな期待行列が望ましいのか？」という問いです。各個人が受け取る財の数は高々1で、財の供給量については上限制約 $\bar{q}_s$ しかないシンプルなケースで考えてみましょう。

9.3.1　RPメカニズムの非効率性

　複雑な制約がある割り当て問題における RP メカニズムと PS メカニズムの性能を比較しましょう。RP メカニズムを、制約が複雑なケースでも使えるように拡張することは簡単です。最初にくじを使って個人に優先順位を割り振り、順番に、**制約を満たす範囲で**好きな財を選ばせていくだけです。

　実際に次の割り当て問題の RP メカニズムの帰結を求めてみましょう。個人の集合を $N = \{1, 2, 3, 4\}$、財の集合を $O = \{a, b, c, \emptyset\}$ とします。各財の供給数は高々1とします。ただし $\emptyset$ はいくつでも供給できるとします。さらに「財は3種類あるが、そのうち高々2種類までしか供給されない」という制約を課します。各個人の選好を

$$>_1 : a, b, \emptyset,$$
$$>_2 : a, b, \emptyset,$$
$$>_3 : c, b, \emptyset,$$
$$>_4 : c, b, \emptyset$$

とします。例えば、くじの順番が $2 \to 1 \to 3 \to 4$ であったとすると、まず個人 2 が一番好きな a を選び、次に個人 1 が b を選びます。財は 2 種類しか供給されないので、個人 3 と 4 は $\emptyset$ （何も受け取らない）を選びます。

この問題の RP メカニズムの帰結は

$$
P = \begin{pmatrix}
\dfrac{5}{12} & \dfrac{1}{12} & 0 & \dfrac{1}{2} \\[2ex]
\dfrac{5}{12} & \dfrac{1}{12} & 0 & \dfrac{1}{2} \\[2ex]
0 & \dfrac{1}{12} & \dfrac{5}{12} & \dfrac{1}{2} \\[2ex]
0 & \dfrac{1}{12} & \dfrac{5}{12} & \dfrac{1}{2}
\end{pmatrix}
$$

となります。a, b, c について、どの 2 列の和をとっても 2 未満になっていることが確認できます。制約は満たしているのですが、これは明らかに非効率的な割り当てに見えます。そこで、どの個人も財 b がそれほど好きではないので、財 b に割り当てられている確率 $\dfrac{1}{12}$ を a や c に移してみると

$$
P' = \begin{pmatrix}
\dfrac{1}{2} & 0 & 0 & \dfrac{1}{2} \\[2ex]
\dfrac{1}{2} & 0 & 0 & \dfrac{1}{2} \\[2ex]
0 & 0 & \dfrac{1}{2} & \dfrac{1}{2} \\[2ex]
0 & 0 & \dfrac{1}{2} & \dfrac{1}{2}
\end{pmatrix}
$$

という別の期待行列 P' が得られます。期待行列 P' のもとでは財 b は割り当てられることがなく、財 a と c の列の和はちょうど 2 になっているので、無駄のない割り当てに思えます。実際、P' は順序効率的であり、P を確率支

配しています。では、どうすれば常に順序効率的な期待行列を求めることができるのでしょうか。

9.3.2　PS メカニズムの拡張

　たとえ制約が複雑でも、PS メカニズムを使えば順序効率的な期待行列を得ることができます。ただし、イーティング・アルゴリズムを少し修正しなければなりません。

　イーティング・アルゴリズムは、全員が同時に少しずつ財を「食べていく」アルゴリズムでした。その定義は以下のように修正されます。

(ⅰ) まず、各財が完全に分割可能であると想定します。

(ⅱ) 各個人は、全員同時に、**獲得可能な**財のなかで自分が一番好きな財を食べていきます。各個人が食べるスピードは全員同じで、「1 秒当たり 1 単位」とします。

(ⅲ) もし自分が食べている財が食べつくされたら、**獲得可能な**財のなかで一番好きな財をまた食べていきます。

(ⅳ) 1 秒後にアルゴリズムは終了します。この 1 秒間で食べた各財の割合が、そのままそれらの財を受け取る確率になります。

　ここで財 a が個人 i にとって**獲得可能**（available）であるとは、ペア (i, a) を含むようなすべての制約集合 S について

$$\sum_{(j, x) \in S} P_{jx} \leq \bar{q}_S$$

が成り立つことをいいます。このように PS メカニズムを修正すれば、制約構造を満たしつつ、順序効率的な期待行列を得ることができます。実際、先ほどの例では、まず個人 1 と 2 は財 a を食べ始め、個人 3 と 4 は財 c を食べ始めます。$\frac{1}{2}$ 秒後、各個人は各財を $\frac{1}{2}$ ずつ食べ終わります。そしてあとは全員が最後まで $\emptyset$ を食べます。帰結は P' と同じになります。

　PS メカニズムは、このように順序効率的な配分をとても簡単に見つけることができるのです。しかも、いま考えている問題の制約は二重階層構造になっているので、定理18により、P' は整数行列の凸結合で表現できます。

よって、PS メカニズムによって得られた期待行列を実現するための具体的な手続きも求めることができるのです。

ブディッシュらの論文では他にもさまざまな割り当て問題を考察しています。例えば野球のリーグ交流戦で、過去の戦績をもとに、公平な対戦相手の組み合わせを求める問題などを分析しています。興味のある方は、是非論文を手にとってみてください。

9.4 おわりに

本章では主に、与えられた確率行列や期待行列を具体的にどうやって"実現"するのかについて考えました。制約が簡単なケースでは、古典的な結果であるバーコフ＝フォン・ノイマンの定理より、確率行列を「確定的な割り当て上のくじ」として表現できることがわかりました。そして、その後の研究によって、たとえ制約が複雑であっても、それが二重階層構造になっているなら、同様に期待行列を「確定的な割り当て上のくじ」として表現できることがわかりました。しかも、現実の多くの割り当て問題で観察される制約は、二重階層構造になっていることを確認しました。

参考文献

［1］ Birkhoff, Garrett（1946）"Three Observations on Linear Algebra," *Universidad Nacional de Tucumán Revista,* Serie A5, pp.147-151.

［2］ Budish, Eric, Yeon-Koo Che, Fuhito Kojima, and Paul Milgrom（2013）"Designing Random Allocation Mechanisms: Theory and Applications," *American Economic Review*, 103, pp.585-623.

［3］ Hylland, Aanund and Richard Zeckhauser（1979）"The Efficient Allocation of Individuals to Positions," *Journal of Political Economy*, 87(2), pp. 293-314.

［4］ von Neumann, John（1953）"A Certain Zero-sum Two-person Game Equivalent to the Optimal Assignment Problem," *Contributions to the Theory of Games*, Vol.2., ed. H. W. Kuhn and A. W. Tucker, Princeton University Press.

第 **10** 章

スタディガイド

　さて、ここまででレクチャーはひとまず終わりです。マッチング理論やマーケットデザインには他にも興味深いトピックがたくさんありまだ書き足りない気持ちですが、短いなかでも少しでも魅力を伝えられていれば幸いです。本書を手にとったみなさんにはぜひさらに勉強・研究を続けたり、実社会へ実装するなどの実践をしてほしいと願っています。この章ではそのための参考文献など、ちょっとした情報を載せておこうと思います。

10.1　おすすめの参考文献

　まず参考文献ですが、マッチング理論の現代的な教科書はそれほど多くありません。ちょっと古いですが、この分野のバイブル的存在が Roth, Alvin E., and Marilda A. Oliveira Sotomayor（1990）*Two-sided matching*, Cambridge University Press です。すでに出版から四半世紀を超えますが、体系的な説明と丁寧な数学的な証明などがよくできており、私はいまでも授業の教科書に指定しています。ただし、刊行以降に起きた研究の爆発的な発展については当然ながら触れられていないので、もっと新しい文献と併用する必要があると思います。

　先ほども書いたとおり、手放しにおすすめできる教科書は私の知る限りないのですが、Haeringer, Guillaume（2018）*Market Design: Auctions and Matching*, MIT Press はマッチングに加えマーケットデザインのもう一つの代表的基礎理論であるオークションも扱っており、参考になるかもしれません（日本語訳も出版されています。ギオーム・ハーリンジャー／著、栗野盛光／翻訳『マーケットデザイン——オークションとマッチングの理論・実践』中央経済社、2020年）。また、研究者たちが主に大学院生や隣接分野の研究者向けに書いたサーベイ論文（分野を俯瞰してまとめた紹介論文のこと）がいくつかあります。例えば Sönmez, Tayfun, and M. Utku Ünver（2011）"Matching, Allocation, and Exchange of Discrete Resources,"（*Handbook of Social Economics*, Vol.1. North-Holland に収録）は数理モデルをフォーマルに解説しているので、ある程度は教科書のように使えるかもしれません。また Kojima, Fuhito（2017）"Recent Developments in Matching Theory and Its Practical Applications" および Pathak, Parag A.（2017）

"What Really Matters in Designing School Choice Mechanisms"（両者ともに *Advances in Economics and Econometrics: Eleventh World Congress*, Cambridge University Press に収録）が参考になるかもしれません。前者は本書でも扱った大規模なマッチング市場や制約付きマッチング問題などのトピックを扱っています。後者はマッチング理論の学校選択制度への応用を中心に、理論がどのように実装に使えるか（もしくは使えないのか）について興味深い議論を行っています。

　さて、現実への応用については、本書では紹介する理論と密接に関わる部分以外には、あえてあまりスペースを割きませんでした。これに関しては、Roth, Alvin E.（2015）*Who Gets What —and Why: the Hidden World of Matchmaking and Market Design*, HarperCollins UK がよく補ってくれるのではないかと思います。この分野の代表選手による入門書であり、基本的に数理的な記述はなしで、さまざまな市場にマーケットデザインの考え方がどのように使えるかを説明しています。著者自身が関わってきた制度設計についても多く語られていて興味深いと思います。日本語訳も出ていて（アルビン・E・ロス／著、櫻井祐子／翻訳『Who Gets What——マッチメイキングとマーケットデザインの新しい経済学』日本経済新聞出版、2016年）、手前味噌ながら私も巻末の解説を書いていますのでよろしければご覧ください。

　さて、教科書に限らず、この分野の情報は英語の著作の方が新しく内容がしっかりしていることが多いので、できれば英語のものにあたることをおすすめします。その上で、邦文にもいくつか信頼のおける良質のものがあります。あえて１つ挙げるならば、個人的には坂井豊貴『マーケットデザイン——最先端の実用的な経済学』（ちくま新書）が特におすすめです。内容的には超入門という感じなのでできれば本書を読む前に読んでほしい本ではありますが（笑）、信頼のおける研究者でもある著者が非常に気を遣って正確でありながらわかりやすく面白い記述をしていて、私は正直「やられた、先にこんな凄いのを書かれてしまった」と悔しがったのを覚えています。

10.2　ウェブでの情報や他分野の動きも

　ウェブ上のリソースとしては、まず第一に研究者たちの個人ホームページ

が役に立つと思います。マッチング理論やマーケットデザインは、いままさに日進月歩で研究が進んでいる分野ですから、最新の知見は個々の研究者のもとにあります。さらに、研究者（特に経済学者）は多くが個人のホームページを持っていて、そこにまだ出版前の草稿などを置いていることが多いです。本書で紹介した研究を行った研究者たちの名前を検索してみてヒットしたホームページを眺めていただけたらと思います。

その他にマーケットデザインに特化したリソースとして、例えばロスによるマーケットデザインブログは研究者仲間にもよく参照されているブログで、論文の紹介や、臓器交換を初め幅広い実装に関する話題などを気軽な感じで紹介しています。NBER（National Bureau of Economic Research）という研究所が毎年行っているマーケットデザインワークショップや、スタンフォード大学の SITE（Stanford Institute for Theoretical Economics）が時々行っているマーケットデザインのサマーワークショップのホームページなども、そこで発表されている最新の研究の情報が見つけられたりして良いかもしれません。

また、マッチング理論やマーケットデザインは学際的・分野横断的な色彩が強い分野なので、経済学以外の情報源も有用かもしれません。例えばマッチングアルゴリズムをコンピュータなどですばやく計算するためにはコンピュータ・サイエンスの理論が役に立ちます。例えば Manlove, David（2013）*Algorithmics of Matching under Preferences*, World Scientific などが有名な専門書です。経済学者とコンピュータ・サイエンティストの学際的な国際研究集会であり私もプログラム委員などでよく関わっている EC（Economics and Computation）ではマッチング理論の発表もかなり多いですので、マッチング理論やマーケットデザインの学際的な動向を知りたい場合には、この辺の研究発表を眺めてみると良いかもしれません。コンピュータ・サイエンスの他にも関係が深い分野としてはオペレーションズ・リサーチや応用数学・離散数学（日本人研究者が大きく貢献している「離散凸解析」などもこれに含まれます）などがあり、こういった分野の研究も知っておくと良いかもしれません。

それから、本書を読破した皆さんには、ぜひ研究者によるガチの研究論文に挑戦してほしいと思っています。初めは敷居が高いと感じるかもしれませ

んが、研究論文は研究者がそれこそ命を削って執筆しているので、記述の正確さ、説明のわかりやすさ、モチベーションの明確さなどほぼすべての点において二次的に書かれた解説書などよりも優れている場合が多いです。幸いにしてマッチング理論で使われる数学は少数の例外を除けば比較的平易なものなので、きちんとロジックを追っていく根気さえあれば（もちろんこれが大変な場合もありますが）大学の学部レベル、場合によっては中学・高校レベルの知識でも十分読めるものが少なからずあります。そういうわけなので、ぜひ尻込みせずに研究論文を手にとってみてほしいと思います。分野がいまいちマイナーであった過去とは違い、最近では著名な経済学専門誌（*American Economic Review, Econometrica, Journal of Political Economy, Quarterly Journal of Economics, Review of Economic Studies* など）によく論文が掲載されていますし、先ほど書いたように研究者の個人ホームページや研究集会のホームページなどから探すこともできるかと思います。

10.3　研究を志す人へ

そうそう、そういえば本書を執筆するにあたっての私の密かな野望は、この本を読んでくれた方のなかからマッチング理論やマーケットデザインの研究を目指す人が出てきてくれることです（もちろん、そういう予定のない方にも読んでほしいと思っています）。そこで、ちょっと脇道にそれるかもしれませんが、もしもあなたが研究を志す場合のために、おすすめの大学院プログラム等もちょっと書いておきます。マーケットデザインに限らず、経済学の研究拠点は良し悪しは別として北米、特にアメリカ合衆国に非常に集中しています。そのため、よほどの事情がなければアメリカの大学院博士課程に留学することをおすすめします。さらに言えばいわゆる「大学ランキング」でランクが高い大学がうまくいっている傾向があるので、そのようないわゆる「トップスクール」と言われるような大学に行ければ、いろいろとやりやすいと思います。例えばハーバード・MIT・スタンフォード等がこれにあたります。もちろんランキングというのは多分に主観的なものですし（人によっては私が挙げたのとは別の大学名を挙げるかもしれません）、これら以外にも非常に良い環境の大学も多数あります。特にアメリカのように広

大な国土を有する国においては、家族の事情などいろいろな理由によるもの
でしょうか、研究者の一極集中は、日本や他の国と比べてそこまで顕著では
ないように感じます。日本ではあまり聞いたことがないような大学でも、驚
くほどの強力な研究グループを擁していることがよくあります。

　さらに、経済学の博士課程では非常に多くの場合に学費免除だけでなく生
活費の支給が約束されています。研究のフロンティアの一端を担うのは大学
院生であり、大学院生は新たな研究知見を生み出す労働者として扱われると
言っても良いかもしれません。ともかく、このような事情もあるので、経済
学の博士課程に進学して研究者になるためには、必ずしもご自身や家がお金
持ちでなくても大丈夫なことが多いです。

　そういうわけで、アメリカ、特にできればいわゆるトップスクールに行く
のが良い戦略だと思います。そのうえで、もちろん分野ごとに強い学校があ
ったりします。例えば手前味噌ながら、マーケットデザインでは私の前任校
であるスタンフォードがおそらく世界一であろうと思います。他には例えば
ハーバード・MIT・シカゴ・コロンビア・UC バークレー・ボストンカレッ
ジなどに超一線級の研究グループがあります。ただしこれは本書を執筆して
いる2024年時点の事情であり、アメリカでは教員の引き抜き・移籍が頻繁に
起こることには注意してください。

　最後になりますが、書籍という性格上、ここでお伝えした情報がどうして
も古くなってしまうこともあるだろうと思います。筆者のホームページ
（https: //sites. google. com/site/fuhitokojimaeconomics/fuhito-kojima）では
私自身の論文の他にも講義に使っているスライドや参考文献リストなどを公
開しているので、ぜひそちらも御覧ください。また、著者が主催している東
京大学マーケットデザインセンターという研究所でもホームページ（https:
//www.mdc.e.u-tokyo.ac.jp/）や SNS（2024年時点では X と Facebook）で
研究結果や研究者、そして一般向けのイベント情報などを適宜発信していま
す。またセンターでは企業や自治体などとの共同研究や社会実装プロジェク
トを積極的に行っていますので、もしも研究パートナーとして参加してみた
いとか、実務で問題を抱えているので相談したいとかいったご要望があれ
ば、ぜひセンターまでご連絡ください。

　マッチング理論やマーケットデザインとの関係を本書で終わりにせず、今後も勉強・研究・実践のどれでも良いので続けてください。みなさんがいつか大きな新発見をして、この本の内容が時代遅れになれば最高です。

あとがき

　私は小島武仁の大ファンのひとりである。

　まず、いちファンの身でありながら小島先生と一緒に本を出版する機会をいただけたことに最大限の感謝を申し上げたい。小島先生は言うまでもなく、執筆の機会をくださった日本評論社の小西ふき子さん、飯野玲さん、そして恩師の慶應義塾大学の坂井豊貴先生、ありがとうございます。

　きっかけは、小島先生が早稲田大学で行ったマーケットデザインに関する連続講義だった。当時の私はマーケットデザインや隣接分野の社会的選択理論を学ぶ院生で、その講義に出席していた。その後「英語で行われた連続講義の内容を翻訳して『経済セミナー』に連載しませんか」という有り難いお話が坂井先生経由で小西さんと飯野さんからあり、畏れ多くも引き受けたのが、本書執筆の実質的な始まりだった。

　私が小島先生のことを知ったのは学部3年生のとき（2011年）で、マーケットデザインという分野を初めて知り、興味を持ち始めた頃だった。「やばい日本人経済学者がいる」ことを教えてくれたのは同級生のO君だった。ゲーム理論の授業をとり始めたくらいの学部生のあいだにも名前が轟いていたことを考えると、少し異常ではないかと、いまになって思う。

　まず名前が歴史上の偉人のようで、かっこよすぎた。ウェブサイトに載っている写真は、なんとも言えないミステリアスさとダークなかっこよさがあった。夜の街を背景にして左手に電話を持ち、彼を見る人の目を見ている写真だった。手塚治虫原案の浦沢直樹の漫画『PLUTO』に出てくる、鉄腕アトムをつくった天才科学者である天馬博士の若い頃の姿を実写化するなら、ちょうど小島先生が適役なのではないかと感じた。

　若くして一流学術誌に多数の論文を掲載しており、いかにもマーケットデザインという分野に重大な影響を与えそうな研究成果を立て続けに発表していた。世界には、亡くなった方々も含めて、経済学に大きな発展をもたらした偉大な研究者たちが知られているが、当時の小島先生を見て、先生もきっ

とそのうちのひとりになるだろうと強く感じた。実際、本書では主に小島先生の研究成果をマイルストーンとして、マッチング理論とマーケットデザインの基礎から発展的な内容までをカバーしているが、先生が歩んできた研究上の道のりが、そのままマーケットデザインという分野の教科書として成立するのは、驚異的なことだと思う。

先述のように、学部生の私は小島先生に憧れと畏れを抱いていたが、初めてお会いしたときの印象は「とてつもなく気さくで、優しい人だ」というものだった。いままで私が出会った大人のなかで最も気さくな方のひとりではないかと思う。さまざまなジャンルの漫画やアニメが好きで、いい意味で中学生のようなピュアな心で作品に向き合っているように感じられた。当時、小島先生と何人かの研究者が集まったご飯の席で「面白い論文を書きたかったら『少年ジャンプ』を読もう」というような話が出た記憶がある。確かに、小島先生の論文を読んでいると、『HUNTER × HUNTER』（冨樫義博・作）を読むときに漏れ出る「その発想はなかった……！」「これがこう繋がるのか……！」というようなワクワクする気持ちを感じることがある。私も小島先生のようにたくさん漫画を読んで良い論文を書きたい。

本書の表紙のイラストを、小島先生が好きな漫画家に描いてもらいたいという話もあったが、諸般の事情で実現しなかったのは少しだけ残念である（もちろん本書のイラストも素敵で、ゆるめのイラストによって難しそうな雰囲気をやわらげてくださり、ありがとうございます）。いつかまた小島先生の本が出版されたときには、表紙や挿絵に少年漫画が描かれていたら嬉しいなと思う。

本書執筆のきっかけとなった早稲田大学での講義から現在に至るまでに、私自身にもいくつかの変化があった。結婚したり、大学の教員になったり、子どもを2人授かったりもした。本書の原稿を真夜中に執筆し、次の日にフラフラしていた筆者を支えてくれた家族に感謝したい。先生の講義を受けていた院生の頃から数えると長い年月が経ったが、当時、先生の研究に触れて覚えた感動は、いまも変わらず私の心に残っている。ワクワクするような小島先生の研究とマーケットデザインの世界を、本書を通して読者の皆さんに伝えられたら、すごく嬉しいことだと思う。

最後に改めて、遅筆な筆者を優しく励ましてくださった小島先生、小西さ

ん、飯野さんに深い感謝を申し上げたい。

2024年 7 月

河田陽向

索　引

著者紹介

小島 武仁（こじま ふひと）
東京大学大学院経済学研究科教授、東京大学マーケットデザインセンター（UTMD）センター長。
2003年東京大学経済学部卒業、2008年ハーバード大学 Ph.D.（経済学）。イェール大学での Postdoctoral Associate を経て、2009年スタンフォード大学 Assistant Professor（助教授）、2013年 Associate Professor（准教授）、2019年 Professor（教授）を経て、2020年から現職。
American Economic Review, Econometrica, Quarterly Journal of Economics, Review of Economic Studies などに論文を公刊。
専門分野は、マーケットデザイン、マッチング理論、ゲーム理論。

河田 陽向（かわだ ようこう）
駒澤大学経済学部経済学科専任講師、株式会社エコノミクスデザイン エコノミスト。
2013年慶應義塾大学経済学部卒業、2019年慶應義塾大学博士課程修了。三菱経済研究所専任研究員、慶應義塾大学経済学部助教を経て、2021年から現職。
Review of Income and Wealth, Economics Letters, Social Choice and Welfare などに論文を公刊。
専門分野は、社会的選択理論と指標の設計。

マッチング理論とマーケットデザイン

2024年9月30日　第1版第1刷発行

著　者——小島武仁・河田陽向
発行所——株式会社日本評論社
　　　　　〒170-8474　東京都豊島区南大塚3-12-4
　　　　　電話 03-3987-8621（販売）　03-3987-8595（編集）
　　　　　https://www.nippyo.co.jp/　振替 00100-3-16
印刷所——精文堂印刷株式会社
製本所——株式会社難波製本
装　幀——淵上恵美子
検印省略 © Fuhito Kojima and Yoko Kawada 2024
落丁・乱丁本はお取替えいたします。
Printed in Japan
ISBN978-4-535-55935-6